중세유럽 천년의 역사 (유럽 통합의 기원을 찾아서)

프랑크 왕국과 바이킹, 흑사병 등을 통해 만나는 중세 유럽의 역사.

[중세 유럽 천년의 역사] 주요 연표

CE		
	· 476년	서로마 제국 멸망
	· 481년	클로비스가 메로베우스 왕조 수립
	· 751년	피핀이 카롤루스 왕조 수립
	· 793년	바이킹이 처음으로 잉글랜드에 침입
	· 800년	카롤루스 대제가 서로마 황제로 대관
	· 962년	오토 1세가 신성 로마 제국 황제로 대관
	· 1066년	정복왕 윌리엄이 잉글랜드 정복(헤이스팅스 전투)
	· 1077년	하인리히 4세, 카노사의 굴욕
	· 1122년	보름스 협약 체결
	· 1215년	영국 존 왕의 대헌장 승인
	· 1265년	시몽 드 몽포르의 의회 개최(영국 의회 시작)
	· 1358년	프랑스에서 자크리의 난 발생
	· 1381년	영국에서 와트 타일러의 난 발생

중세유럽 천년의 역사

Thinking Power Series - World History Collection 14
The making, and the power of Medieval Europe

Written by Kim Tae-hoon.
Published by Sallim Publishing, 2018.

제4차 산업혁명 세대를 위한
생각하는 힘 세계사컬렉션 **14**

유럽 통합의 기원을 찾아서

중세유럽 천년의 역사

김태훈 지음

살림

유럽연합 탄생의 기원, 그리고 흔들림

장면 1.

지난 2008년 1월 5일 독일의 앙겔라 메르켈 총리는 카롤루스대제의 궁정이 있던 아헨 시에서 2008년의 카롤루스 상을 수상했다. 유럽연합은 유럽 국가의 단합과 문화적·정치적 의식의 일치에 공헌한 정치 지도자에게 1950년 이후 매해 상을 주고 있다.

장면 2.

지난 2016년 6월 23일 유럽연합 탈퇴를 묻는 영국의 국민 투표, 일명 '브렉시트'의 결과가 나왔다. 52퍼센트 대 48퍼센트의 근소

한 차이로 결국 영국은 유럽연합을 떠나게 됐다. 그리고 2017년 3월 28일 영국의 테레사 메이 총리는 유럽연합과 브렉시트 협상을 시작하는 역사적인 서한에 서명했다.

장면 3.
앙겔라 메르켈 독일 총리가 지난 2017년 1월 18일 유럽연합 단일 시장과 관세동맹에서 이탈을 선언한 메이 총리의 발표와 관련해 유리한 내용만 가져가는 '체리 피킹(Cherry Picking)' 협상은 없다는 점을 재확인하고 유럽연합 회원국의 단결을 강조했다.

현재 유럽연합 28개 회원국은 영국의 유럽연합 탈퇴 결정을 두고 영국의 이후 결정과 일정에 불안한 시선을 보내고 있다. 제2차 세계 대전 이후 지난한 과정을 거쳐 유럽의 통합을 이끌어냈기에 영국의 탈퇴가 다시금 분열의 서막이 될지 재통합의 계기가 될지 유럽연합 회원국들은 각기 자국의 입장에서 현재의 정치 상황을 바라보고 있다.

유럽연합의 기원을 역사에서 찾는다면 어느 시기까지 거슬러 올라갈 수 있을까? 사람마다 생각이 다르겠지만 여전히 유럽 통합의 상징으로 카롤루스 상의 대상자를 선정하는 것을 보면 분열된 유럽을 통합한 카롤루스대제 시절의 프랑크왕국을 들 수 있을 것이다. 그때는 유럽 역사에서 '중세'라고 부르는 시기이다.

사실 중세라는 단어는 처음부터 부정적인 의미를 담고 있었다. 15세기 인문주의자들이 고대와 현재 사이에 끼어들어간 중간 시기라는 뜻으로 '중세'라는 단어를 사용하면서 암흑기로 간주했다. 종교개혁가와 계몽주의자에 의해서도 중세의 단점이 부각됐다. 이러하기에 오늘날 우리의 언어생활에서 과거에 머무는 의식과 사고를 두고, "아직도 중세를 살고 있는가?"라고 반문하는 표현을 사용하고 있는지도 모른다.

하지만 어느 시대나 시대 자체가 문제는 아니다. 어느 시대이든 그때를 살아가는 사람들은 시대가 직면한 문제를 어떻게든 해결하려고 각자의 열정과 헌신을 다했기 때문이다. 따라서 과거 사람들의 시도와 노력으로부터 어떤 의미를 발견하고, 또 찾아낸 의미를 현재의 단점을 극복할 시사점으로 삼는 일이 우선 중요하지 않을까?

과거의 역사를 배우고 재해석하는 일은 그래서 필요하다.

최근 남아메리카에 있는 우루과이 출신의 진보 언론인 갈레아노가 쓴 글을 읽었다.

1074년 교황은 가톨릭교회와 결혼한 사람만이 성사를 집전할 자격
이 있다고 알렸다. "사제는 부인의 손아귀로부터 벗어나야 한다."
몇 년 뒤 1123년 한 공의회에서 사제의 독신 제도를 의무화했다.
……가톨릭교회는 사제에게 부부 싸움과 아이의 울음소리를 피
해 영혼의 평화를 보호하는 '풀타임' 체제, 즉 전면적인 헌신을 요
구한다. 가톨릭교회는…… 아마도 그렇게 함으로써 여자와 아이
의 토지 상속을 막았던 것 같다. ……12세기 초에 가톨릭교회가
유럽 토지의 3분의 1을 소유하고 있었다는 사실을 기억할 필요가
있다.

가톨릭교회의 선택을 두고 중세의 상황에서 비판적으로 다시
해석한 하나의 사례로 볼 수 있다.

우리는 유럽의 중세로부터 어떤 의미를 찾고 재해석할 수 있
을까? 역사를 통해 이러한 의미 찾기에 도움이 될 중세 유럽의
다섯 가지 주제를 이 책에 펼쳐놓았다. 각자에게 오늘을 돌아볼
소중한 시간이 됐으면 한다.

2018년 10월

김태훈

• 차례 •

머리말 | 유럽연합 탄생의 기원, 그리고 흔들림   **5**

제1장 카롤루스대제, 유럽 통합의 서막

01 클로비스, 프랑크왕국을 세우다   **15**

02 로마교황과 손잡은 카롤루스대제   **21**

03 카롤루스 시대, 중세 문화가 꽃을 피우다   **32**

04 오늘날 유럽에 남아 있는 프랑크왕국의 흔적   **37**

플립러닝 프랑크왕국은 오늘날 유럽의 시작을 알렸다   **44**

세계사 바칼로레아 카롤루스대제 시기의 거대한 프랑크왕국,
과연 나라가 크면 좋은 것일까?   **46**

제2장 바이킹의 시대

01 일상에서 만나는 바이킹   **51**

02 유럽을 휩쓴 바이킹　　　　　　　　　　　　　　**58**

03 바이킹, 아메리카 대륙까지 진출하다　　　　　　**63**

04 바이킹, 도시와 국가의 성장을 돕다　　　　　　**69**

05 바이킹에 관한 몇 가지 이야기　　　　　　　　**74**

플립러닝 우리가 바이킹의 모험 이야기를 생생하게 접할 수 있는 이유는?　　**81**

세계사 바칼로레아 '사가'에 나오는 기록들은 어디까지 믿을 수 있을까?　　**84**

제3장　중세 유럽인의 일상과 사랑

01 영주, 그들이 누린 특권　　　　　　　　　　　**89**

02 농노의 일상생활　　　　　　　　　　　　　　**101**

03 기사의 삶　　　　　　　　　　　　　　　　　**106**

04 중세 사람들의 생각을 읽다　　　　　　　　　**117**

플립러닝 중세 기사들이 지니고 다닌 문장(紋章)의 의미는 무엇일까?　　**123**

세계사 바칼로레아 우리나라 대학에서 사용하는 로고는
중세 유럽의 문장과 어떤 관련이 있을까?　　**126**

제4장　중세 유럽인의 도시와 교회

01 자유와 활력의 상징인 도시, 그러나 쓰레기가 많았다?　　**131**

02 대학이 처음으로 등장하다 **140**

03 뭉쳐야 산다, 길드의 탄생 **152**

04 황제권과 교황권의 갈등 **160**

플립러닝 중세 유럽에서 수도원은 기도만을 위한 장소였을까? **168**

세계사 바칼로레아 중세 수도원의 서적을 둘러싼
미스터리 소설 『장미의 이름』 **170**

제5장 재난의 시대, 흑사병의 유행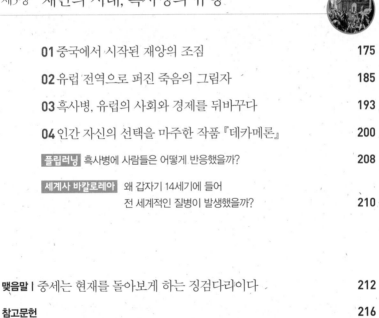

01 중국에서 시작된 재앙의 조짐 **175**

02 유럽 전역으로 퍼진 죽음의 그림자 **185**

03 흑사병, 유럽의 사회와 경제를 뒤바꾸다 **193**

04 인간 자신의 선택을 마주한 작품 『데카메론』 **200**

플립러닝 흑사병에 사람들은 어떻게 반응했을까? **208**

세계사 바칼로레아 왜 갑자기 14세기에 들어
전 세계적인 질병이 발생했을까? **210**

맺음말 l 중세는 현재를 돌아보게 하는 징검다리이다 **212**

참고문헌 **216**

연표 **219**

　　　　　　　　　　　　　　●

유럽연합이라는 다수 국가의 연합체는 2016년과 2017년 영국의 분리와 함께
스페인의 카탈루냐 독립 문제로 국제 기사의 검색어 순위에서 연일 상위를 기
록했다. 의문 한 가지, 이렇게 분리하려고 했으면 애초에 왜 통합을 했을까?
유럽 국가들이 통합하려던 시점의 생각은 무엇이었을까?

단서의 하나로는 현재 유럽 국가의 상당수를 한 국가로 유지했던 프랑크왕국
을 들 수 있다. 이 국가는 영토만 큰 것이 아니라 로마교황과 손을 잡아 크리스
트교의 든든한 후원자 역할까지 맡게 됐다.

프랑크왕국은 어떻게 유럽에서 자리를 잡고 성장했으며 또 무엇을 계기로 크
리스트교와 손을 잡게 됐을까? 프랑크왕국이라는 창을 통해 중세 유럽의 첫
발걸음을 시작해볼 수 있다.

　　　　　　　　　　　　　　●

제1장

카롤루스대제, 유럽 통합의 서막

01

클로비스, 프랑크왕국을 세우다

'바바리안(barbarian)'이라는 영어 단어는 어떤 뜻을 지닐까? 사전을 보면 '야만인, 미개인, 속물, 교양 없는 사람'이라고 나온다. 옛날 그리스인들에게 주변의 다른 민족들이 사용하는 외국어는 모두 '바바' 소리로만 들렸기에 그들은 이방인을 바바리안이라 불렀다. 로마인도 이 단어를 빌려다 쓰면서 이방인을 낮춰 부르는 말로 사용했다. 로마인이 낮춰 부르던 유럽의 바바리안, 즉 게르만족은 3세기부터 서서히 흔들리던 로마제국 곳곳에 들어왔다. 이들은 이전에 원시적인 오두막집을 짓거나 짐승 가죽 등으로 옷을 해 입던 데서 벗어나 집을 짓고 수염을 깎고 목욕을 하는 등 로마 사람들의 생활 방식을 받아들였다. 그러다가 한꺼번에 많은 수의 게르만족이 로마 영토로 밀려 들어오게 되었다. 그 이유는 바로 훈족의 침입이었다. 말을 달리면서 활을 쏘는 기마병으로 구성된 훈족은 매우 험악하고 사나운 싸움꾼이었다. 중국에 밀린 훈족이 서쪽으로 방향을 돌려 유럽으로 몰려오자 로마의 국경을 따라 살고 있던 게르만족은 공포에 휩싸여 대거 로마 영토로 밀려 들어가면서 연쇄적으로 '민족의 대이동'이 진행됐다. 이 과정에서 100년 가까운 기간 동안 서로마의 폐허 속에서 게르만족의 수많은 왕국이 나타났다가 사라졌다. 이런 혼란 속에서도 유럽에 안정적으로 자리 잡은 나라가 프랑크왕국이었다.

훈족의 침입에 맞선 프랑크족은 메로베치(Merovech)라는 족장의 지휘 아래 하나로 뭉쳐 군대를 이끌고 나가 훈족을 물리쳤으나 아직 하나로 통합된 것은 아니었다. 프랑크족을 통합하고 왕국을 세운 이는 메로베치의 손자인 클로비스(재위: 481~511)였다. 클로비스는 500년경 오늘날의 프랑스와 벨기에 지역을 대부분 정복하고 그 지역의 주민들이 믿고 있던 아타나시우스파의 가톨릭교로 개종했다. 그리고 나서 할아버지의 이름을 딴 메로베우스 왕조를 세웠다.

클로비스가 가톨릭교로 개종하다

클로비스가 가톨릭교로 개종한 사실은 유럽에서 중요한 전환점이 됐다. 다른 게르만족과 달리 기존에 거주하던 주민이 믿는 종교와 같아 주변을 통합하고 세력을 확장할 수 있었기 때문이다. 당시 어떤 유럽 지역의 통치자도 교황의 가톨릭교에 속해 있지 않았다. 동부 게르만족의 모든 왕은 아리우스파였고, 프랑크족은 아직 가톨릭교로 개종하지 않았다. 비잔티움제국의 황제는 교리 면에서 교황과 결별하고 있었다. 이때 클로비스의 개종이 이루어졌다.

어떤 과정을 거쳐 개종한 것일까? 중세에 기록된 연대기에는 클로비스가 신의 힘을 빌려 적군을 물리쳤다고 되어 있다. 그는 결정적인 전투가 벌어지고 있을 때, "신이시여, 이 싸움에서 우리가 승리할 수 있게 해주신다면 저

· **세례를 받는 클로비스**
가톨릭교로 개종해서 교황으로부터 세례를 받고 있는 클로비스의 모습이다.

는 영원히 당신을 섬기겠나이다"라고 기도하여 놀라운 승리를 거두었다. 그는 곧 거느리고 있던 3,000여 전사들과 함께 가톨릭 교도가 될 것이라 선언했다. 이러한 결정은 큰 정치적 이점이 있었다. 당시 남부 갈리아 지방 사람들은 아리우스파인 서고트족에게 지배를 당하고 있었는데, 그 지방 백성과 주교들이 가톨릭교의 왕을 해방자로 환영했다. 그 결과 클로비스는 갈리아 지방에서 서고트족을 몰아내고 피레네산맥에서 라인강 너머의 옛 프랑크족 원주지에 이르는 광대한 왕국을 세울 수 있었다.

클로비스는 말년에 여러 해에 걸쳐 각기 프랑크족에 속한 작은 부족의 왕위를 가진 친척들을 하나하나 제거하여 그의 직계 자손이 안정적으로 프랑크족의 왕이 되도록 만들었다. 예를 들어 클로비스가 어느 젊은 왕자를 부추겨 그의 아버지인 왕을 시해하게 해놓고는 곧 자기 부하를 보내 젊은 왕자를 죽였다. 그런 다음 "시해당한 왕의 원수를 갚았노라"라며 주변에 자신의 정당성을 내세우기도 했다.

이처럼 클로비스는 종교적으로나 정치적으로 프랑크왕국을 확대시켰다는 점에서 중요한 인물이었다. 하지만 프랑크왕국은 본래 원시적인 게르만족의 나라였다. 왕은 가문 내에서 선출됐고 왕의 권력은 로마법이나 로마 통치 기술의 전통을 알지 못하는 프랑크 전사들의 충성에 바탕을 두어 유지됐다. 왕국 내에서 거둔 세금은 모두 왕의 개인 재산이 됐으며 왕이 죽으면 왕국을 왕자들에게 분할 상속했다. 그 후 200여 년 간 후손들 사이에서는 더 많은 몫을 차지하기 위해 권력 다툼이 끊이지 않았고, 연이어 즉위하는 어린 왕들은 자신이 신경 써야 할 정치와 전쟁을 '궁재'에게 맡겼다.

카롤루스 마르텔이 남긴 업적

궁재(宮宰, Mayor of the Palace), 그들은 누구일까? 궁의 재상을 맡은 이들은 7세기 이후 권한이 점점 커지면서 어린 군주를 대신하여 나라를 다스렸다. 궁재는 왕실에서 관리 인사권, 군사 지휘권까지 갖는 최고 관리였다. 그중 주목할 만한 인물이 카롤루스 마르텔(재위: 714~741)이다.

여기서 잠깐! 다음 단어의 공통점은 무엇일까? 피투성이, 게으름, 미남, 대머리, 망치. 서양에서 왕이나 궁재, 백작 등 왕과 비슷한 지위에 있는 인물에 붙은 별칭이다. 특이한 별칭이 이름에 추가되는 경우가 많은데, 대개는 당대에 얻은 이름이지만 사후에 널리 알려진 것도 있다. 후대의 역사가들이 붙였다기보다는 동시대인들이 업적을 높이거나 은밀히 비난하기 위해 붙인 명칭이다. 당시 귀족이나 평민 사이에서 입소문으로 퍼지다가 하나의 명칭으로 굳어진 경우가 많았기에 별명을 보면 해당 인물이 어떤 사람인지 유추해볼 수 있다. 앞에서 말한 '카롤루스 마르텔'에서 '마르텔'은 망치를 뜻한다. 이 사람이 전투에서 어떤 활약을 했을지 쉽게 짐작할 수 있다.

카롤루스 마르텔은 프랑크족의 전투 방식을 개선했다. 원래 프랑크족의 군사는 보병이었고, 왕과 대귀족만이 말을 타고 싸웠다. 카를루스 마르텔은 발을 끼워 말에 사람을 고정시킬 수 있는 등자의 이점을 전투에 활용했다. 등자로 발을 안정시킴으로써, 기사는 말에 탄 채 창을 던지거나 찌를 수 있었고, 등자를 버티고 일어나서 칼을 쓰는 등 효과적으로 상대를 공격할 수 있었다. 카롤루스 마르텔은 이러한 방식으로 프랑크족의 전통적인 보병 부대를 보다 강력하게 만들었다. 기사들과는 서약을 통해 충성을 약속받았다. 이렇게 강력한 힘을 확보한 그는 이슬람 세력이 에스파냐를 점령하고 피레네산맥을 넘어 프랑크왕국을 쳐들어왔을 때 투르 근처에서 격퇴하여 크리스트교 세계를 지켜냈다.

02

로마교황과 손잡은 카롤루스대제

카롤루스 마르텔의 아들인 피핀은 아버지와 달리 궁재라는 호칭에 만족하지 못하고 왕이 되기를 염원했다. 당시 프랑크왕국에는 어떠한 기여도 하지 않았다는 뜻으로 '무위왕(無爲王)'이라는 별칭을 가진 왕들 대신에 피핀이 실권을 장악하고 있었다. 당시 무위왕으로 불린 메로베우스 왕조의 마지막 왕(킬데리크 3세)의 모습은 이러했다.

　자신의 긴 머리카락과 턱수염을 흩날리며 왕좌에 앉아 있었고, 통치자의 역할 중 일부를 행하는 것이었다. 즉 그는 외국에서 도착

한 사절의 말을 듣고, 그들이 떠날 때가 되면 조언을 얻거나 혹은
지시를 받아 마련한 답변을 했다. ……여행할 경우에는 언제나 멍
에를 맨 황소들이 끌고 소 치는 자가 모는 촌스러운 달구지를 타
고 다녔다.

－『메로빙거 세계』

하지만 메로베우스 왕조의 관례에 따르면 왕가는 신에 의해
지명됐다. 더구나 프랑크족의 유력한 고위 성직자들도 모두 왕
에게 충성을 서약한 바 있었다. 이에 피핀은 왕이 되려면 반드시
신의 허락을 받아야 할 필요성을 느꼈다. 결국, 왕조를 바꾸기 위

해서는 교회의 권위가 필요했다. 그렇다면 교황은 왜 프랑크왕국과 손을 잡으려 했을까? 결론부터 이야기하면 교황은 프랑크왕국과 이어지길 원했다. 당시 교황은 성상 파괴 문제를 놓고 비잔티움 황제와 대립하고 있으면서도, 비잔티움제국의 도움으로 롬바르드족의 위협을 막고 자신의 이탈리아 내 영토를 보호받고 있었다. 교리를 두고 논란이 됐던 성상 파괴 문제는 로마교황이 게르만족에게 가톨릭을 전파하는 데 성스러운 조각상을 사용해야 했는데, 비잔티움 황제가 이를 거부하면서 생긴 문제이다. 하지만 이제 교황은 자신을 도울 힘을 가진 프랑크왕국이 가까이에 있고, 불편했던 비잔티움제국과 완전히 갈라설 수 있게 됐다. 교황은 그렇게도 왕이 되길 원하던 피핀이 메로베우스 왕조의 유명무실한 지배자를 밀어내게 했으며, 사절을 보내 피핀에게 성스러운 기름을 붓고 왕관을 씌워주었다. 새로운 왕조인 카롤루스 왕조가 시작된 것이다. 피핀은 롬바르드족으로부터 이탈리아 중부 지역을 확보했으며, 이때 얻은 땅을 교황에게 넘겼다. 이것이 로마교황령의 시초였으며, 교황은 중부 이탈리아를 군주로서 다스리게 됐다. 이렇게 해서 프랑크왕국과 로마가톨릭교회는 *끈끈한* 관계를 맺게 됐다.

카롤루스대제의 이름을 살펴보자

교황과 프랑크 왕 사이의 유대는 피핀의 아들 카롤루스대제(재위: 768~814)에 이르러 더욱 굳건해졌다. 카를루스 대제의 이야기를 하기 전에 여기서 잠깐 '카롤루스'라는 이름을 살펴보자.

2018년 현재 영국 여왕이 오래 생존해 있어 만 69세임에도 불구하고 여전히 왕세자라고 불리는 찰스 왕세자의 이름이 바로 '찰스'이다. 영국에서 부르는 찰스(Charles)라는 이름이 독일에서는 칼(Karl), 프랑스에선 샤를(Charle)이라고 하는데, 결국 모두 같은 이름이다. 라틴어로는 카롤루스(Carolus)이다. 옛날에는 씩씩하고 용맹스러운 왕이 되라는 희망을 담아 왕이나 왕자들만 이런 이름을 받았지만, 오늘날에는 아주 흔한 이름이 되어 만화 캐릭터의 이름 '찰리 브라운'에도 나온다. 이 캐릭터는 스누피의 주인이다. 그런가 하면 브라질, 멕시코 등 남미 사람들의 이름 중에 유난히 카를로스(Carlos)가 많다. 현재 한국에 정착해 살아가는 외국인의 실생활을 다룬 어느 방송사 프로그램의 이름도 '이웃집 찰스'이다. 찰스, 칼, 샤를, 카를로스 등은 남성 이름인데, 이것이 변하여 여성 이름으로 된 것도 많다. 예를 들면 캐롤린(Caroline), 샤롯(Charlotte), 캐롤리나(Carolina) 등이 있다.

카롤루스대제는 어디까지 영토를 확장했나

피핀의 뒤를 이은 인물의 라틴어 이름이 바로 '카롤루스 마그누스(Carolus Magnus)'였고, 이를 프랑스식으로 발음하면 '샤를마뉴(Charlemagne)'이다. 우리는 보통 '카롤루스대제'라고 번역한다. 별칭이 다른 왕들과 달리 신체의 특징이나 업적을 말하는 것이 아닌 '거대하다' '위대하다'를 의미하는 '대제'이다. 왜 이러한 별칭을 갖게 됐으며, 또 왜 대왕이 아니고 황제라는 뜻의 '대제(大帝)'라고 할까?

768년 피핀이 죽은 후 그 뒤를 두 아들 카를로만과 카롤루스가 이어받았다. 계승한 지 3년 만에 형 카를로만이 죽자 자식에게 분할 상속되는 프랑크왕국에는 다행한 일이었다. 카롤루스는 즉각 전 프랑크왕국을 차지했다. 그러고는 사방으로 영토를 확장해갔다. 당시 기회가 있을 때마다 롬바르드왕국은 이탈리아 전역을 정복하려 했다. 이 왕국이 있는 한 로마교황령도 안전할 수 없었다. 또한, 개인적인 원한 관계에 있던 롬바르드 왕이 다른 프랑크 귀족들과 연결하며 카롤루스를 곤경에 빠뜨리고 있었다. 이에 카롤루스는 롬바르드왕국을 공격하여 수도를 점령하고 스스로 롬바르드 왕임을 선언했다. 이외에도 프랑크왕국의 동쪽에 있는 작센 지역을 공격하고, 서쪽에 있는 에스파냐 변경 지역을

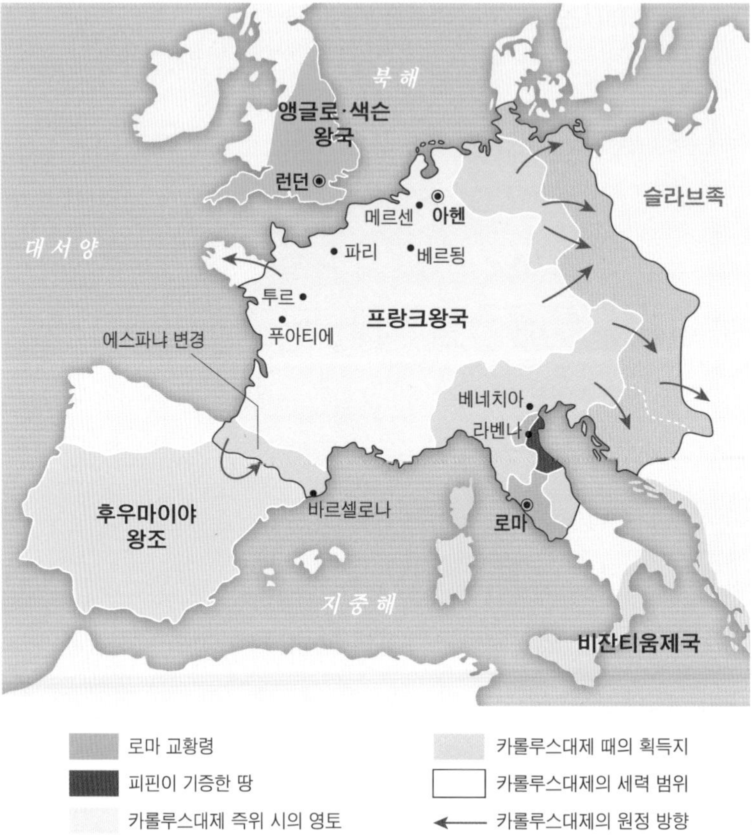
북해
앵글로·색슨
왕국
런던
메르센
아헨
슬라브족
대서양
파리
베르됭
투르
프랑크왕국
푸아티에
에스파냐 변경
베네치아
라벤나
바르셀로나
로마
후우마이야
왕조
지중해
비잔티움제국
로마 교황령
카롤루스대제 때의 획득지
피핀이 기증한 땅
카롤루스대제의 세력 범위
카롤루스대제 즉위 시의 영토
카롤루스대제의 원정 방향

• **프랑크왕국의 발전**

프랑크왕국의 영토 확장 과정을 나타낸 지도이다. 프랑크왕국의 최대 영토는 현재 유럽의 절반에 가깝다.

차지했다. 이처럼 거의 매해 약 10여 년에 걸쳐 멀리 떨어져 있는 곳까지 원정하여 제국을 확장했는데, 당시에는 대단한 사건이었다. 원정하는 군사 수가 많건 적건 간에 먹을 식량을 계속 보급하기는 상당히 어려운 과제였다. 이러한 난제를 해결한 사실만으로도 카롤루스의 능력은 상당했다고 볼 수 있다.

하지만 이렇게 승승장구하기만 했던 것은 아니다. 작센과 싸우고 있을 때 정반대 쪽에 있는 에스파냐의 다른 적과 싸우면서 곤경에 빠지기도 했다. 피레네산맥을 넘어 본국으로 돌아올 때 숨어 있던 상대의 공격을 받아 군대의 뒤편을 방어하는 부대가 전멸당한 적이 있었다. 이 불운을 소재로 한 이야기가 바로 서사시 「롤랑의 노래」이다.

롤랑의 노래

「롤랑의 노래」에 등장하는 카롤루스는 200살이 넘는 머리와 수염이 하얀 기사이다. 이슬람교도를 토벌하라는 신의 부름에 따라 에스파냐 지역으로 들어갔다. 이교도의 왕 마르시즈는 다른 도시로 도망가 화해하자는 의도로 사자를 보냈다. 카롤루스의 조카인 롤랑(Rolland)은 계속 싸우자는 입장이었던 반면, 가늘롱(Ganelon)은 화해하자는 의견을 냈다. 결국, 화해하자는 의견으로 결정되어 사신으로 누구를 보낼 것인지를 두고 회의가 열렸다. 롤랑은 당연히 가늘롱을 보내자고 했는데, 가늘롱은 이를 오해하면서 롤랑에게 앙심을 품고 그를 죽일 것을 결심했다. 사신으로 간 가늘롱은 이교도 왕에게 롤랑 등이 군대 뒤편에 있을 텐데 이들을 제거하면 에스파냐와 프랑크왕국 사이에 평화가 찾아올 것이라고 설득했다. 진지로 돌아온 가늘롱은 프랑크로 돌아가는 길에 군대의 뒤편을 누가 맡을까 하는 카롤루스의 질문에 "당연히 롤랑"이라고 답하여 롤랑이 군대의 뒤편을 맡게 되었다.

군대의 행렬이 어느 지점에 다다랐을 때 뒤를 맡은 롤랑은 이슬람 군대 10만이 뒤쫓고 있는 것을 발견했다. 친구이자 롤랑을 수행하던 올리비에가 "뿔나팔을 불어 본 군대를 되돌아오게 하자"라고 했으나, 롤랑은 스스로 해결하겠다며 이를 거절했다. 그러나 세 번의 공방을 거치면서 롤랑의 군대가 일부만 남게 되자 결국 롤랑은 구원을 요청하는 뿔나팔을 불어댔다. 얼마나 세게 불었는지 롤랑의 코와 입에서 피가 뿜어져 나왔고, 세 번째 불었을 때는 뿔나팔이 산산이 조각나버렸다. 가까스로 적의 세력을 격퇴했지만 끝내 전원이 죽임을 당하고 만다. 카롤루스는 그 뿔나팔의 소리를 듣고 즉시 가늘롱을 체포했으며, 마르시즈의 군대와 싸워 롤랑의 원수를 갚았다.

이 이야기는 11세기 말경에 나온 서사시로, 한때 프랑크 전사들이 스스로의 공을 기리기 위해 노래로 만들어 사료의 가치를 크게 보기도 했다. 하지만 지금은 역사적 소재에 상상력을 발휘하여 살을 붙여 시인들이 만든 이야기라는 게 일반적인 견해이다. 카롤루스의 이 이야기도 뒤편의 부대가 다른 세력으로부터 공격을 받은 사실은 있으나 구체적인 내용은 사실과 다른 부분이 많다. 결국, 이러한 서사시는 주로 중세 유럽에서 기사와 같은 남성들을 즐겁게 해주려는 의도로 만들어졌다고 볼 수 있다. 전투 과정을 상세하게 표현하거나 다른 동료들을 위해 자신을 희생하는 내용이 묘사되어 있고, 여자는 거의 배제된다. 다만 이슬람교도 공주가 등장하는 때가 있다. 그녀는 언제나 개종하여 세례를 받으며, 세례 과정에서 옷을 벗고 아름다운 육체를 드러내는 대상으로 그려진다.

「롤랑의 노래」에서 다룬 이야기처럼 카롤루스는 어려움을 겪기도 했지만, 끈기 있게 기나긴 전투를 치른 끝에 이슬람 세력과 대치하고 있던 피레네산맥 남쪽, 에스파냐 변경 지역까지 정복하는 데 성공했다. 이렇게 정복한 지역은 프랑크 전사들에게 나눠주어 프랑크왕국은 이슬람 세력을 효과적으로 방어할 수 있었다.

교황, 서로마 황제에게 왕관을 씌우다

799년 비잔티움 황제를 후원하는 반대파 귀족이 당시 교황 레오 3세를 길거리에서 폭행한 일이 발생했다. 감금까지 당한 교황은 용케 로마에서 도망쳐 카롤루스의 궁으로 피신하여 보호를 요청했다. 카롤루스는 로마의 폭도를 제압할 수 있는 군사와 함께 교황을 돌려보냈다. 이에 교황을 공격했던 무리는 교황의 죄를 들어 고소하고 자신들의 행위를 정당화하려 했다. 로마에는 교황을 재판할 수 있는 권한을 가진 사람이 없었으므로 800년 말 카롤루스가 이 사건을 처리하기 위해 로마에 왔다. 12월 23일, 왕은 로마의 성 베드로 성당에서 재판을 열어 자신이 무죄라는 교황의 선서를 받아들였다.

12월 25일, 왕은 크리스마스 미사를 위해 성 베드로 성당에 다시 나타나 제단 앞에 꿇어앉아 기도를 올렸다. 그때 갑자기 교황이 보석들이 촘촘히 박혀 번쩍번쩍 빛나는 황금 왕관을 들고 와서 카롤루스의 머리에 씌웠다. 그러자 미사 참석자들은 새로운 로마 황제의 즉위를 환영하는 함성을 외쳤다. "카롤루스 아우구스투스여('아우구스투스'는 가장 존엄한 자를 가리키며 로마 황제를 의미한다), 하느님의 뜻으로 즉위하셨도다! 위대하고 평화를 주시는 황제여, 그에게 생명과 승리를!"

이 사건을 '서로마 황제 대관'이라고 부른다. 교황의 동기는 분명했다. 자신을 지켜줄 보호자가 필요했다. 그래야 롬바르드왕국으로부터 빼앗았지만, 옛 비잔티움제국의 영토였던 중부 이탈리아의 땅을 교황이 계속 통치할 수 있었다. 반면 아인하르트가 묘사한 글에 따르면, 카롤루스 자신은 교황의 이익을 위한 일에 휘말린 셈이 되어 불만을 품기도 했다. 대관으로 카롤루스의 실권이 바로 강화되지도 않았다. 이후 카롤루스는 비잔티움 황제와 인내를 갖고 절충하여 813년 일부 영토를 넘기는 조건으로 비잔티움 황제에게 인정받아 '카롤루스대제'가 됐다. 이 명칭에는 황제의 의미가 담겨 있다.

한 가지 놀라운 사실은 당시 사람들에게 '로마제국'이 머릿속에 살아 있다는 점이다. 현실적으로 로마제국은 해체되고 없었고, 비잔티움제국 역시 소아시아반도와 발칸반도를 다스리는 국가로 축소됐다. 하지만 사람들에게는 고대 시대를 안정시킨 로마제국의 황제, 부유하고 평화로웠던 로마제국을 기억하고 있었고, 교황은 이를 활용하여 서로마 황제 대관을 추진했다. 이제 프랑크왕국과 로마가톨릭교회의 관계는 더욱 돈독해졌다.

03

카롤루스 시대, 중세 문화가 꽃을 피우다

넓어진 영토를 효율적으로 통치하기 위해 먼저 필요한 것은 무엇일까? 카롤루스대제는 가톨릭의 이름으로 독일 지역까지 자신의 지배권을 넓혔다. 가톨릭을 전파하고 이교도를 개종시키려면 교육을 받은 수도사와 사제가 필요했다. 더욱이 넓어진 영토를 관리하기 위해 읽고 쓸 줄 아는 사람들이 있어야 했다. 하지만 집권 초 카롤루스대제의 영토 안에서 문자를 읽고 이해할 수 있는 사람을 찾기 어려웠다. 로마가 무너진 이후 학문은 실종되고 있었다.

이처럼 학문을 부활시키는 과정에서 카롤루스대제가 중요하게 생각한 방향은 무엇이었을까? 중부 이탈리아에서 막강한 정치권력을 가진 카롤루스대제는 교황의 보호자이기도 했다. 그는 정신적 지도자인 교황의 역할을 인정하면서도 프랑크왕국의 다른 주교와 마찬가지로 대했다. 그는 교황 선출을 주관하고 허가했으며 교황을 적으로부터 지켜주기도 했다. 앞에서 자신이 보호해준 레오 3세가 교황으로 선출된 직후인 796년 카롤루스대제는 교황에게 이런 편지를 썼다.

밖으로는 이교도의 침략과 크리스트교도가 아닌 이교도의 약탈로부터 모든 거룩한 크리스트 교회를 군사력으로 지켜내고, 안으로는 가톨릭 신앙을 고백함으로써 교회를 강하고 건강하게 만드는 것이 우리의 임무입니다.

카롤루스대제는 자신이 문학과 학문의 후원자가 되어야 한다고 생각했다. 그리고 고전 학문이 크리스트교에서 말하는 지혜의 바탕이며 그 지혜가 신의 백성을 구원하는 필수 요소라는 확신이 있었다. 학문을 후원하는 일은 크리스트교 군주의 의무라고 보았다. 카롤루스대제는 글을 모르는 야만 상태를 극복하고 학문을 익힐 수 있는 분위기를 만들기 위해 애를 썼다.

카롤루스 르네상스를 꽃피우다

당시 유럽에서는 영국의 베네딕트회 수도사들 사이에서 읽기·쓰기 교육이 이루어지고 있었다. 백성들은 게르만 언어를 사용했지만, 수도사들은 기도문을 낭독하고 성경을 읽기 위해 라틴어를 배울 필요가 있었다.

카롤루스 시대의 수도사들은 옛 라틴 문화와 초기 기독교 문화의 모든 유산을 익히고 보존하는 데 혼신의 힘을 기울였다. 9세기 이후 베네딕트 세율에 따라 수도사들은 매일 몇 시간씩 '노동'을 해야 했는데, 대개 책을 옮겨 쓰는 일로 시간을 보냈다. 이에 따라 손으로 직접 옮겨 쓴 필사본이 크게 증가했다. 게르만족의 이동으로 많은 고전 작품이 사라졌지만, 카롤루스 시대에 만들어진 책들이 그 뒤에 없어지는 일은 드물었다. 오늘날 우리가 알고 있는 옛 로마 시대의 책 가운데 가장 오래됐다고 전하는 책은 대부분 카롤루스 시대의 필사본이었다.

필사본이 대거 만들어지면서 동시에 글자체도 개선됐다. 메로베우스 왕조 말기의 필사본들은 거의 읽기 힘들었다. 글자들이 서로 어지럽게 뒤얽혀 있고 띄어쓰기도 불분명했다. 또 이러한 글씨체로 작성된 필사본을 한 번 더 옮겨 쓰는 과정에서 잘못된 내용이 끼어들고는 했다. 여러 사람이 한 팀이 되어 '말 전달 놀

• 카롤루스 대제
프랑크왕국은 카롤루스 대제 때 전성기를 누렸는데, 특히 문화와 학문이 융성하면서 '카롤루스 르네상스'라는 말이 나왔다.

이'를 할 때 시작과 끝이 서로 달라지는 것처럼 말이다. 그러다가 카롤루스대제가 대륙의 학문을 일으키기 위해 영국에 있는 베네딕트회 소속의 수도사 앨퀸을 초빙했다. 고전 라틴어 문법의 권위자였던 앨퀸은 카롤루스대제의 후원을 받아 읽기 교육을 위한 학교 설립을 도왔으며, 로마 고전 등 주요 라틴어 책의 옮겨 쓰기와 고쳐 쓰기 과정을 지도했다. 이러한 일련의 움직임을 두고 '카롤루스 르네상스'라고 부른다.

당시에 특히 중요하게 생각한 문헌은 라틴어 성경이었는데, 여러 대에 걸친 필사자들의 오류로 많이 훼손되어 있었다. 오류를 찾아 바로잡기 위해 앨퀸과 동료들은 다양한 성경 사본을 모아 단어를 일일이 대조하는 작업을 했다. 그들은 모든 사본을 검토하고 그중 올바른 판본을 결정한 뒤 새롭게 교정한 필사본을

- **메로베우스 소문자체**
  메로베우스 왕조 시기에 사용했던 글자
  체이다. 글자들이 뒤얽혀 있고 띄워쓰기
  가 불분명해 읽기가 힘들다.

- **카롤루스 소문자체**
  카롤루스 왕조 시기에 계발된 글자체이
  다. 자음과 모음, 띄워쓰기가 분명해 오
  류가 나올 확률이 적다.

만들고 다른 사본들은 없앴다. 이 과정에서 새로운 글자체가 널
리 퍼졌다. 카롤루스 시기에 한 수도원에서 개발된 새로운 글자
체는 자음과 모음을 분명히 알 수 있었고 띄어쓰기도 명확하여
오류가 나올 확률을 크게 줄여주었다. 이 글자체는 현재 유럽에
서 출판할 때 사용하는 활자체의 바탕이 됐다.

카롤루스대제 시기 창조적인 작품은 부족했지만, 수도사들의
옮겨 쓰기 작업은 훗날 중세 문화의 발달과 르네상스에 중요한
밑거름이 됐다.

04

오늘날 유럽에 남아 있는 프랑크왕국의 흔적

카롤루스대제가 이룬 광활한 대제국은 당시 어떤 형태로 운영됐을까?

카롤루스대제는 만년에 아헨을 즐겨 찾아 머물며 왕궁도 지었다. 아헨은 알덴느고원의 북쪽 끝에 있는 지역으로 온천이 유명하다. 그러나 왕궁을 지었다고 해서 아헨을 프랑크왕국의 수도라고 볼 수는 없다. 행정부가 하나의 체계로 확립되어 있지 않은 시대였다.

당시는 월급을 받는 관료도 없었고, 전국에 사람을 보내 세금을 거둘 기구도 만들어지지 않았다. 국가 재정은 카롤루스 왕가가 최대 호족으로 소유하고 있는 토지, 즉 왕의 영토로부터 얻는 수익과 벌금, 왕의 법정 개최에 따른 수익, 모든 지역 영주가 바치는 물품에 기대고 있었다. 주교, 수도원장 등 고위 성직자의 영지는 왕이 관여할 수 없었다.

각지에 자신이 임명한 영주를 두고 지방 행정을 전적으로 맡겼으며, 그들을 통제하기 위해 궁정의 대리인을 보내기도 했다. 지방의 세력가에게 카롤루스대제가 어떻게 자신의 영향력을 행사하느냐가 당시 국가의 뼈대를 이루고 있었다. 이러한 체제는 제국 운영에서 한계가 많았음에도 불구하고 로마 멸망 이후 유럽에 등장한 정부 중 가장 훌륭했다.

하지만 카롤루스대제가 죽자 지방의 세력가에게 영향력을 미치며 제국을 유지할 수 있는 능력이 있는 사람이 없었다. 카롤루스의 외아들인 루이 경건왕이 왕국을 고스란히 물려받았지만, 부족법에 따라 자신의 왕국을 다시 세 아들에게 분할 상속하면서 결국 프랑크왕국은 세 나라로 분열되고 말았다.

게다가 카롤루스대제의 자손들 사이에서 세력 다툼이 벌어지고 있을 때 외부 세력이 물밀 듯 쏟아져 들어왔다. 북쪽에서는 노르만족이, 동쪽에서는 마자르족이, 그리고 남쪽에서는 바다로부터 이슬람 세력이 공격해 들어왔다. 이러한 상황에서 프랑크왕국은 철저하게 분열됐다.

카롤루스대제가 남긴 유산

카롤루스 르네상스에 혼신을 다한 카롤루스대제 자신은 정작 글을 알았을까? 카롤루스 측근에 아인하르트라는 사람이 서기로 있었다. 이 사람이 당시에 남긴 카롤루스 전기에는 다음과 같은 내용이 기록되어 있다.

그는 웅변술에서 재치가 풍부하고 화려했으며, 원하는 것이면 무엇이든지 누구보다 명백하게 표현할 수 있었다. ……그는 외국의 언어들을 배우는 데 힘을 기울였다. 그중에는 라틴어도 있었는데, 그것과 모국어로 말하는 것이 동등하곤 했다. ……그는 쓰는 것을 하고 싶었다. 이를 위해 글자 익힘판과 기록장을 침대 베개 밑 여기저기에 가져다놓고는 했는데…… 그 일은 순서가 바뀌고 늦게 착수된 탓에 별로 성공하지 못했다.

- 『카롤루스 마그누스의 전기』

카롤루스대제는 위대한 통치자였고 자신도 카이사르나 로마 황제들처럼 유식하고 지혜로운 사람이 되고 싶었지만, 글을 제

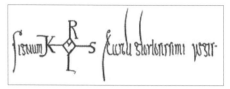

대로 배운 적이 없었다. 과외 교사를 여럿 불러다가 글을 배웠고, 나이가 들어서까지 베개 밑에 글자를 연습할 판을 놓고 잤다. 자다가 깨면 일어나 앉아서 글쓰기 연습을 했을 정도였다. 하지만 끝내 글을 깨치지는 못했다.

정작 카롤루스대제 본인은 글을 알지 못했지만, 유럽에 문예 부흥을 불러일으키고 유럽의 글자체를 일치시키는 데 크게 기여했다.

카를 대제? 샤를마뉴?

2016년 영국의 탈퇴 결정으로 통합 유지의 흐름은 흔들리고 있지만, 유럽연합을 지켜 유럽을 하나의 국가로 유지하자는 움직임은 여전히 강력하다. 유럽이 1950년대부터 경제 분야에서 협력을 강화해나갈 때부터 유럽인들이 주목했던 역사적 인물은 누구일까?

바로 우리가 살펴보고 있는 카롤루스대제이다. 그는 로마제국을 부활시켜 분열된 유럽 지역을 다시 통합한 인물로 상징되고

· **샤를마뉴 빌딩**
EU 집행 위원회 일부가 입주한 건물이다. 샤를마뉴 빌딩이라고 불리는데, 이는 카롤루스 대제가 '유럽 통합의 진정한 기수'임을 보여준다.

있다. 이러한 통합의 정신을 기려 유럽에서는 1950년부터 매년 유럽 국가의 단합과 문화적·정치적 의식의 일치에 공헌한 정치 지도자에게 그의 이름을 딴 '카롤루스 상(Charlemagne Prize)'을 주고 있다. 대표적으로 2008년에는 독일의 메르켈 총리, 2016년에는 프란시스 교황이 이 상을 받았다. 현재 벨기에의 브뤼셀에 있는 EU 집행 위원회 일부가 입주한 건물도 '샤를마뉴(카롤루스) 빌딩'이라고 불린다.

유럽인의 통합을 상징하는 인물로 카롤루스대제를 꼽는 데 누구도 다른 의견이 없다. 하지만 그의 국적을 물으면 이야기는 달라진다. 현재 영토와 비교해보면 당시 프랑크왕국에는 현재의 독일, 프랑스, 이탈리아가 모두 포함된다. 카롤루스대제는 어느 나라 사람일까?

유럽연합을 주도하는 두 강대국인 독일과 프랑스가 모두 관련되어 있다. 프랑스 사람들은 당연히 '샤를마뉴(Chalemagne)'라고 부르며 자신들의 군주라고 말한다. 독일인들은 '카를 대제(Karl der Große)'라고 하며 독일인이라고 생각하고 있다. 1930년대 독일에서는 게르만 혈통과 연결하여 카롤루스대제를 찬양하며 독일 역사에 넣으려는 시도가 있었다. 프랑스에서도 학교 교육에서 자신의 부르봉 왕실과 그 이전의 메로베우스 왕조, 카롤루스 왕조를 연결시켜 프랑스 역사로 배우고 있다.

물론 현재 카롤루스대제가 어느 나라 말로 명령을 내렸는지 관심을 두는 사람은 없다. 하지만 여전히 카롤루스대제의 동상이 유럽 여러 나라에 서 있는 것을 보면 통합의 상징이 될 수도 있고, 자기만의 역사를 내세우는 분열의 출발점이 될 수도 있다. 역사의 아이러니이다.

프랑크왕국은
오늘날 유럽의 시작을 알렸다

카롤루스대제가 통치하던 때를 보면 오늘날 프랑스, 벨기에, 네덜란드, 룩셈부르크, 현재 독일 영토 대부분과 오스트리아, 스위스, 이탈리아 북부와 중부, 스페인 북동부 지역의 카탈루냐 지방이 속한다. 이들 국가를 지도에 표시하면 현재 유럽의 절반에 이른다.

그렇다면 프랑크왕국은 왜 자신의 넓은 지역을 그대로 유지하지 못하고 나뉘었을까? 먼저 프랑크가 이룬 전성기는 한편으로는 몰락의 시작을 예고하고 있었다. 카롤루스대제 때 탄생한 거대한 제국은 주변에 여러 민족과 접하면서 외부로부터 공격을 당하는 빌미가 됐다. 서쪽으로는 스페인을 지배한 이슬람 세력, 북쪽으로는 바이킹과 마주했다. 동쪽으로는 독일 영토까지 들어갔지만, 독일 땅에 정착하는 데 온 힘을 기울이면서 그 너머에 있는 슬라브족의 땅까지 들어갈 여유는 없었다. 이처럼 넓어진 땅을 확보하면서 이를 다스릴 귀족들의 숫자도 100명에서 300명으로 늘어났다. 그나마 이러한 어려움을 넘긴 시기는 카롤루스 대제 때까지였다. 카롤루스대제가 죽고 뒤를 이은 외아들 루이 경건왕은 이를 감당할 비용을 가지고 있지 못했다.

다음으로 왕위 계승 과정에서 문제가 발생했다. 왕위를 계승한 루이 경건왕은 제국의 통일이 이어지기를 바랐다. 이에 세 명의 아들 중 장남인 로타르에게 황제의 칭호와 함께 대부분의 영토를 물려주고, 나머지 두 아들에게는 조그만 지역의 영토만 남겨줄 계획을 세웠다. 물론 이러한 계획은 동생들에게 매우 불합리하게 여겨졌다. 그러다가 아버지 루이 경건왕이 죽자 두 동생이 힘을 합쳐 장남에게 도전하면서 서로 전쟁을 벌이기까지 했다. 결국, 전쟁이 끝난 후 세 명의 형제는 프랑크왕국을 비슷한 크기로 나누기로 합의했다.

이 합의는 프랑크왕국의 서부, 중부, 동부에 각각 위치한 프랑스, 이탈리아, 독일이 탄생하는 계기가 됐다. 이들 각 지역은 서로 다른 언어를 사용했다. 이러한 역사는 뒷날 유럽에서 중요한 축을 맡은 국가들이 나타나고, 한편 유럽의 여러 국가가 모여 만든 유럽연합이 성립하는 이유가 되었다.

카롤루스대제 시기의 거대한 프랑크왕국, 과연 나라가 크면 좋은 것일까?

카롤루스대제는 프랑크왕국의 영토를 넓히고 옛 로마제국 황제의 관을 쓰면서 로마제국의 부활을 알렸다. 그는 72세까지 살면서 당시 기준으로 장수를 누렸고, 그리스·로마의 고전 문화를 사랑하여 영국의 학자를 데려와 귀족 자제들을 가르치게 했다. 이는 당시 문예 부흥의 분위기를 한껏 높였다.

그러나 카롤루스대제가 통치한 거대한 제국은 우리가 생각하는 국가의 모습과는 거리가 있었다. 국가에서 공식적으로 봉급을 받는 관료가 없었다. 전국적인 규모로 세금을 걷는 일을 담당하는 기구도 보이지 않았다. 국가 재정은 왕실이 소유한 땅으로부터 얻는 수익금과 벌금, 왕실 법정을 열어 받아들이는 수익 등에 기대고 있었다. 각지를 다스리는 담당 귀족을 두고 순찰하는 관리를 마련했지만 대개 지방 세력가들을 임명한 것이었다. 지방 세력가들을 카롤루스대제 개인이 통합하여 국가의 뼈대를 세운 데 불과했다. 결국, 카롤루스의 죽음과 동시에 프랑크왕국은 해체하는 방향으로 흘러갔다.

프랑크왕국은 넓은 영토를 차지하고 중세 유럽의 문화를 형성하는 데 크게 기여했다. 하지만 시스템을 마련하지 못하고 개인에게 의존하는 나라는 또 다른 위기를 맞을 수밖에 없다.

•

바이킹이라는 말을 들으면 배를 자유롭게 부리며 바다를 근거지로 노략질을 일삼는 해적을 떠올린다. 과연 그러했을까? 지금의 영국, 러시아 등을 세운 민족이었는데 말이다.

한편으로 이들은 서쪽으로 항해하면서 아이슬란드와 그린란드를 발견하고 아이슬란드에 대규모로 정착하여 마을을 일구기도 했다. 여기서 잠깐! 북극에 가까운 지역에서 사람이 살 수 있는 섬을 얼음의 땅을 의미하는 '아이슬란드'로 정한 이유는 무엇일까? 추위와 얼음으로 사람들이 살기 쉽지 않은 지역을 초록색의 땅을 의미하는 '그린란드'로 부른 이유는 무엇일까? 이 질문에 대한 답은 바이킹의 이주와 확대 과정을 살펴보면 알 수 있다.

바이킹의 항해는 계속 확대됐고 이들은 '콜럼버스의 발견'보다 500여 년 앞서 북아메리카까지 들어가 정착했다. 이처럼 바이킹은 약탈과 파괴보다는 항해와 건설에 능한 사람들이었다.

•

제2장

바이킹의 시대

01

일상에서 만나는 바이킹

가족들이 찾는 패밀리 레스토랑이나 결혼식, 돌잔치 등에서 만나는 뷔페 음식의 기원은 어디일까? '바이킹 음식'이라는 말이 있다. 10~20종의 음식을 큰 접시에 차려 놓고 각자 먹고 싶은 대로 자기 접시에 덜어다 먹는 형식의 식사를 말한다. 뷔페와 유사하다. 사실 뷔페는 바이킹들이 음식을 먹는 방식에서 비롯됐다. 바이킹 사람들은 체구가 크고 게걸스럽게 먹어 코스별로 음식이 조금씩 나온다면 식욕을 채우지 못했을 것이다. 직접 먹고 싶은 만큼 음식을 가져와야 분에 찼을 것이다.

지금의 뷔페 방식이 18세기 프랑스에서 처음 시작됐다는 이

야기도 있지만, 사실은 바이킹들이 훨씬 전부터 시작한 음식 문화였다. 한편 북유럽의 스칸디나비아반도, 특히 스웨덴에서 먹는 식사 형식인 스모르가스 보르드(smorgas bord)가 있다. '스모르가스'란 연어의 훈제 요리, 얇게 썬 삶은 고기, 햄, 소시지, 안초비 등을 말하고, '보르드'란 식탁을 말한다. 북유럽의 긴 겨울을 나기 위하여 저장 식품으로 만든 음식을 가지고 와서 함께 나누어 먹은 데서 시작됐다. 현재 '스모가스'라는 명칭을 붙여 스칸디나비아반도의 음식을 제공하는 뷔페도 있다.

어린이들에게 친근하게 다가가는 스칸디나비아반도의 만화 캐릭터가 있다. 핀란드 동화 작가인 토베 얀손이 만들어낸 '무민'이 그 주인공이다. 얀손은 1934년 무민을 다룬 첫 동화를 펴낸 이후 무민 동화와 그림책을 여러 편 썼다. 1953년부터 22년간이나 만화를 연재하고 40여 개 국가의 신문에도 게재하면서 무민은 전 세계에서 사랑받는 캐릭터가 됐다. 현재 무민 캐릭터 상품을 바탕으로 한 무민 카페가 여러 국가에서 운영되고 있으며 한국에서도 볼 수 있다. 핀란드의 난탈리에는 1993년 온 가족을 대상으로 개장한 테마파크인 무민 월드까지 만들어졌다. 이 마을에는 무민 캐릭터들이 사는 집과 산책로, 선박, 소방서, 상점 등을 꾸며놓았다.

일상과 영화에서 만나는 북유럽신화

우리가 '서양의 신화'하면 흔히 그리스·로마신화를 떠올리지만, 의외로 북유럽신화 역시 우리 주변 가까이에 있다. 현재 영어 단어의 요일 명칭은 어디에서 온 것일까? 화요일, 수요일, 목요일, 금요일 4개의 요일이 북유럽신화에 나오는 신의 이름과 연관이 있다. 화요일 Tuesday는 티우(Tiu, 다른 말로 Tyr)라는 전쟁의 신, 수요일 Wednesday는 뛰어난 마술사이자 시에 조예가 깊은 오딘 Odin(다른 말로 Wodan)이라는 지혜의 신에서 따왔다. 영어 단어를 기억할 때 이 사실을 안다면 발음과 상관없는 'd'가 들어간 이유를 알 수 있을 것이다. 목요일 Thursday는 신들 중 가장 힘이 센 토르(Thor)에서, 금요일 Friday는 사랑과 아름다움을 상징하는 프라야(Fryja)에서 따왔다.

토르는 오딘과 대지의 여신 표르긴 사이에서 태어난, 천둥과 번개와 비를 다스리는 농업과 풍요의 신이다. 몸에 두르면 힘이 강해지는 허리띠까지 가지고 있어 어떤 신과 맞붙어 싸워도 이긴다. 늘 가지고 다니는 초강력 쇠망치인 묠니르는 무엇이든 때려 부술 수 있고 어디로 던지더라도 부메랑처럼 토르의 손으로 되돌아온다. 신 중의 신인 오딘은 지혜의 신이다. 오딘은 이 세계를 창조한 다음 인간을 만들고, 위험한 거인들에게서 인간을 보호하기 위해 거인과 인간이 사는 곳 사이에 경계도 나누었다.

신화에 나오는 신은 보통 죽지 않지만 북유럽신화에 나오는 신들은 사람처럼 죽는다. 겉모습도 정상적이지 않다. 오딘은 거인 미미르의 샘에서 지혜를 얻는 대신 한쪽 눈을 잃었다. 지혜를 상징하는 거인 미미르는 머리만 있고 몸통은 없다. 전쟁의 신 티르는 오른손이 없는데, 늑대 거인에게 한쪽 팔을 내주었기 때문이다. 이처럼 신들은 저마다 비장한 모습을 하고 결국 죽음에 이

• **토르**
천둥의 신 토르가 쇠망치 묠니르로
거인들을 물리치는 모습을 묘사한
그림이다. 1872년 마르텐 에스킬 빈
게가 그렸다.

른다.

특히 오딘과 토르는 바이킹을 주제로 한 영화에 빠지지 않고
등장한다. 최근에도 이어지고 있는 마블 사 영화인 〈토르〉 시리
즈 역시 아버지 오딘과 아들 토르 두 신의 관계 설정을 바탕으로
이야기가 전개되고 있다.

'바이킹'의 어원은 무엇일까?

'바이킹'이라는 말은 우리에게 어떤 이미지로 다가오는가? 우리는 바이킹을 오래전 서양의 해적 정도로 알고 있다. 물론 해적으로 활동하며 상대 지역을 약탈했고, 9세기에 프랑크왕국은 이들을 공포의 대상으로 여겼다. 그런데 과연 해적으로만 살아가고 다른 활동은 하지 않았을까? 실제로는 활동 범위가 굉장히 넓고 팽창의 방향도 여러 갈래이며, 또 단순히 약탈만 한 것이 아니라 매우 복합적인 활동을 했다고 한다.

이러한 내용을 살펴보기에 앞서 우선 바이킹이라는 호칭의 의미부터 알아보자. 이 낱말의 어원에는 몇 가지 설이 있다. 바이킹의 보금자리는 스칸디나비아반도 지역이다. 이 지역의 해안은 먼 옛날 빙하에 깎여 만들어진 피요르드 해안이다. 여기에는 깊이 패여 생긴 작은 만(灣)이 있는데, 이를 '비크(vik)'라고 한다. 한 설에 따르면 '바이킹'이라는 말은, '작은 만에 사는 사람'을 뜻한다. 다른 설도 있다. 교역이 이뤄지는 곳을 '비크'라고 하는데, 스칸디나비아인들이 이런 곳을 공격하고 때로 머물러 살기도 했다. 이 장소를 다녀온 사람들을 '바이킹'이라고 했다는 것이다. 혹은 옛 노르웨이 말로 '비크'는 '옆길로 벗어나다'를 의미하니 이 역시 바이킹의 모습을 설명하는 용어로도 볼 수 있다.

바이킹은 원래 게르만족이었다. 4세기경 게르만족이 이동하기 시작했을 때, 이동에 참여하지 않았던 일부 사람들이 지금의 덴마크 지역으로 옮겨가 터를 잡았다. 그러다가 8세기 이후 프랑크 왕국의 발전에 자극을 받아 노르웨이, 스웨덴, 덴마크가 통일 국가를 형성해간다. 이때 중심에 서지 못한 사람들이 부하를 거느리고 옆길로 빠져 해외로 진출했다.

스칸디나비아 사람들은 당시 옆길로 빠져나간 해적을 '바이킹'이라고 했는데, 역사가들도 이 용어를 그대로 사용했다. 크리스트교를 믿었던 유럽인들은 이들을 북방인, 즉 '노르만(Northman)'이라고 했다. 지금은 노르만, 바이킹 모두 쓰이고 있는데, 교과서에서는 좀 더 객관적 용어인 '노르만'을 사용한다.

02

유럽을 휩쓴 바이킹

8세기 말부터 서부 유럽 지역은 바이킹의 공격을 받기 시작했고, 9세기 프랑크왕국의 분열로 강력한 왕권이 사라지면서 유럽은 또다시 외부의 충격을 받았다. 스칸디나비아 지역에서 온 바이킹들이 쳐들어온 것이다.

이해에 노섬브리아(영국 고대 왕국 중 하나)에 매우 무시무시한 조짐이 나타나 많은 사람을 두려움에 떨게 만들었다. 거대한 회오리바람이 불고 섬광과 같은 번개가 번쩍이는가 하면 하늘에서는 불타는 용이 날아가는 것이 보였다. 이러한 조짐에 뒤이어 곧 대기근

• **바이킹 민족의 이동**

바이킹의 세 계통, 즉 노르웨이계, 덴마크계, 스웨덴계의 이동로를 보여주고 있다.

이 찾아왔고, 같은 해 바로 얼마 후 6월 8일에는 이교도들이 린디
스판(영국 북동부 해안의 섬)에 있는 하느님의 교회를 파괴하고 약탈
과 학살을 일삼았다.

－『앵글로 색슨 연대기』

당시 서유럽 사람들이 바이킹으로 인해 얼마나 크게 공포와
충격에 휩싸였는지 알 수 있는 대목이다. 이는 793년 바이킹들

이 영국 북동해안의 한 섬인 린디스판에 있는 수도원을 공격한 사례이다. 노르웨이와 덴마크의 바이킹들이 중심이 되어 약탈과 방화를 일삼았다. 잔인함은 상상을 초월했다. 바이킹들은 노략질할 때 아이들을 죽여 머리를 자르고 창끝에 꽂고 다녔다. 이런 끔찍한 행동에 주저하는 사람이 있다면 동료들은 '어린이들의 친구'라고 하며 놀려댔다고 한다. 그러니 침략을 당하는 입장에서는 바이킹을 악마로 볼 수밖에 없었다. 9세기 들어 더욱 자신감이 생긴 바이킹들은 약탈한 후 도망가는 것이 아니라 아예 땅을 차지하고 눌러앉기 시작했다.

8세기 후반 이후 어떤 일이 있었기에 한꺼번에 남쪽으로 밀려 내려오게 된 것일까? 이 지역은 추워서 사람들이 얻을 수 있는 먹거리 등 생존에 필요한 자원이 부족한데, 급격히 인구가 늘어나는 현상이 나타났다. 농사지을 땅이 없는 농민이나 지배할 영지가 없는 귀족들은 모험과 생계를 위해 바다로 나갔다. 당시 스칸디나비아 지역의 스웨덴, 노르웨이, 덴마크 등지에 통일 국가가 들어서기 시작했다. 그동안 외부의 간섭을 받지 않고 지내왔던 작은 부족들은 이를 감당하기 어려워 밖으로 눈을 돌려 다른 지역을 공격했다.

남부로, 남부로 나아가다

바이킹은 크게 세 가지 방향으로 팽창해갔다. 우리가 아는 가장 일반적인 방향은 남쪽이다. 영국과 프랑스 지역에서 지중해까지 걸쳐 세력을 확대했다. 다른 한 방향은 서쪽으로, 항해를 통해 북대서양의 섬들인 아이슬란드, 그린란드 등에 거주지를 만들고 아메리카 대륙에까지 상륙하여 정착지를 세우기도 했다. 나머지 한 방향은 동남쪽으로, 핀란드, 발트해 연안 지역, 그리고 러시아를 지나 비잔티움제국까지 가서 교역했는데, 바그다드나 더 먼 지역까지 갔다는 추측도 나오고 있다.

우선 남쪽을 향한 바이킹의 모습을 살펴보자. 이는 노르웨이와 덴마크 바이킹들이 주도했다. 앞에서 말한 수도원 방화와 약탈 외에도 여러 번 침략했고 약 반세기 동안 거의 매해 여름이면 영국과 프랑스 해안 지방과 강 하류의 계곡 일대를 약탈하곤 했다. 대체로 소규모로 무리를 지어 홀로 떨어져 있는 수도원이나 무방비 상태에 있는 농촌을 약탈했다.

그러다가 9세기 중반에 이르러 규모가 더욱 커졌다. 841년 대규모 함대가 프랑스의 센강 하구로 몰려들어 루앙시를 약탈했다. 2년 뒤에는 또 다른 함대가 몰려와 르와르강을 거슬러 낭트시를 장악하고, 약탈과 방화를 마음껏 저질렀다. 더군다나 전과 달리 겨울에 고향으로 돌아가지 않고 근처 섬에 상륙하여 겨울을 보냈다. 851년에는 덴마크 함대가 영국의 템스강 어귀에 있는 한 섬에 막사를 세워 둥지를 틀었다. 이제 단순한 여름 한철의 약탈자가 아니라 이웃에 거주하며 수시로 유럽을 넘보는 골칫거리가 됐다. 카롤루스대제 이후 프랑크왕국이 분열된 상황에서 바이킹의 공격에 속수무책이었다. 10세기에 가서야 바이킹을 막는 효과적인 방법을 고안했으니, 바로 바이킹의 지도자에게 땅을 주는 방식이있다. 서프랑크의 카롤루스 단순왕(재위: 893-923)은 911년 바이킹 지도자인 롤로에게 센강 주변의 땅을 내려주었다. 이 땅은 더욱 넓어져 노르망디 지역을 모두 포괄하게 됐다. 그는 그 대가로 가톨릭으로 개종하고 왕에게 충성을 약속한 신하인 봉신(封臣)이 됐다. 이로써 서프랑크는 바이킹의 침략을 효과적으로 막을 동맹자를 얻게 됐고 침략도 멈추었다.

03

바이킹, 아메리카 대륙까지 진출하다

지도를 펼쳐서 스칸디나비아반도에서 서쪽을 보면 어느 땅이 눈에 들어올까? 북대서양 끝부분에 해당하는 이 지역의 바다에서 먼저 나타나는 땅은 여러 섬이 모여 이루어진 페로제도이고, 다음으로 아이슬란드, 그린란드가 있다.

우리에게 특히 낯선 나라는 페로제도이다. 페로제도는 제주도보다 작은 크기에 인구가 5만 명이 되지 않는 나라이다. 본래 덴마크령에 속했지만, 엄연히 오랫동안 고유의 문화와 언어를 유지한 자치 국가이다. 2007년 「내셔널 지오그래픽」 여행 전문가가 뽑은 세상에서 가장 아름답고 오염되지 않은 섬으로, 2014년

KBS에서 방송된 〈걸어서 세계 속으로〉에서는 가장 아름다운 지상 최후의 낙원으로 소개된 나라이기도 하다. 이 나라에서 쓰고 있는 언어는 페로어인데 이는 스칸디나비아의 옛 언어에 해당한다. 이 언어를 사용하는 이유는 바로 바이킹이 서쪽으로 나아간 상황과 관련 있다.

바이킹의 서쪽 항해는 안개와 얼음의 바다를 지나 미지의 땅을 찾아가는 여정이었다. 처음 찾아간 바깥 영토가 바로 페로제도였다. 사람이 없는 섬이라고 생각했던 바이킹들은 이 섬에서 아일랜드 출신의 고행 수도승들을 만났다. 수도승들은 가장 살기 힘든 외딴섬에 가서 수행하고 있었다. 이들은 건장한 체격의 해적인 바이킹들을 만나자 섬을 떠났고, 바이킹들이 페로제도에 정착하게 됐다.

더 서쪽으로 가면 아이슬란드가 있다. 대한민국과 영토 면적이 비슷한 아이슬란드는 맨 처음 섬을 탐험했을 때 온화한 서부가 아니라 빙하로 덮인 동부 내륙 지역을 먼저 발견한 뒤 얼음뿐이었다고 착각하면서 얼음의 땅이라고 이름을 붙였다고 한다. 여하튼 추운 기온과 주변에 얼음이 떠다니는 바다가 있어 스칸디나비아반도에서 여기까지만 해도 거리가 만만치 않아 한 달 정도 걸릴 수 있었다.

이런 곳에 860년부터 대규모 정착이 이루어졌다. 이후 모험가들은 아이슬란드로부터 그린란드와 심지어 북아메리카 해안까지 진출했다. 이처럼 서쪽으로 세력을 확장해가는 것과 관련해 다음의 이야기가 전한다.

빨강 머리 에리크와 그의 아들

노르웨이 출신의 한 바이킹 집안이 스칸디나비아반도의 정착지에서 쫓겨나 아이슬란드로 옮겨 왔다. 그 집안의 가장 토르발트가 상대와 다투다가 그를 죽였기 때문이다. 토르발트의 아들도 성격이 거칠었는데, 벌어진 어깨에 빨강 머리를 가지고 있어 친구들은 그를 '빨강 머리 에이크'라고 불렀다.

어느 날 에리크가 이웃과 난투극을 벌이던 도중 마을 사람들이 죽어 그 역시 살인죄로 아이슬란드를 떠나게 됐다. 더 서쪽으로 간 에리크는 사람이 살지 않는 낯선 땅을 발견했다. 바위투성이에 얼음이 가득한 북쪽 땅인 이곳은 여름 동안 해가 지지 않고 겨울에는 석 달 동안 해를 볼 수 없는 지역이었다. 에리크는 이 땅을 '초록색의 땅'이라는 뜻으로 '그린란드'라고 이름을 붙였다. 이름을 근사하게 지어놓으면 아이슬란드의 바이킹들이 옮겨 올 것이라고 기대했다. 에리크가 사람들을 속이려고 했던 일이지만 실제 여름에 녹지가 생기기도 했다.

에리크의 말을 들은 사람들이 25척의 배에 나눠 타고 그린란드로 향했다. 도중에 배가 부서져 14척의 배만 그린란드에 도착했다. 갖은 고생 끝에 도착한 땅은 기대와는 정반대였다. 온통 얼음으로 뒤덮인 땅과 드문드문 자란 풀과 나무가 있는 해변만 보였다. 하지만 이주자들은 그린란드에서 살았다. 곡식은 심지 못하고 바짝 마른 소를 키우고 바다에 나가 고래나 물개 등을 잡으며 살아갔다. 늘 배고팠기에 사람들의 키는 다른 지역의 평균 키보다 작았다.

이렇게 척박한 땅에서도 에리크는 아들을 낳았는데, 같은 빨강 머리를 가진 아들의 이름을 레이프 에릭손(Leif Ericsson)이라고 지었다. '에리크의 아들 레이프'를 뜻한다. 레이프는 어려서부터 그린란드 밖에 숲이 울창한 땅이 있다는 마을 어른의 이야기를 들었다.

그는 어느 날 탐험을 결심하고 30명의 부하와 함께 새로운 땅을 찾아 떠났다. 잠도 자지 못하고 몇 날 며칠을 정처 없이 항해한 끝에 드디어 의문의 땅을 발견했다. 풀과 나무가 무성하고 바다를 향해 물이 흐르는 섬이었다. 이곳에서 포도가 자라고 있는 것을 보고 '포도(vine)의 땅'을 가리키는 '빈란드(Vinland)'라고 불

• 룬 문자가 새겨진 바위
그린란드에서 발견된 룬 문자가 새겨진 바위이다. 이를 통해 바이킹이 북아메리카대륙까지 진출했다는 사실을 알 수 있다.

렀다. 레이프의 이야기를 듣고 또 다른 사람들이 빈란드를 찾았다. 하지만 북아메리카 원주민들의 공격을 받아 정착하지 못하고 다시 그린란드로 돌아갔다.

레이프가 발견한 새로운 땅은 현재 어디일까? 바로 북아메리카이다. 콜럼버스보다 약 500년 전 바이킹들이 이미 아메리카 대륙과 주변의 여러 섬에 들어갔다. 원주민인 인디언과 교역을 하거나 전쟁을 벌이기도 했다. 고고학적인 발굴 성과를 보면 두 문명 간의 접촉과 교류가 제법 활발했다고 추측할 수 있다. 고고학자들이 미국 메인주와 북극 지방에서 바이킹과 관련된 물건들과 동전을 발견했다. 메인주에서 바이킹 글자인 '룬 문자'로 보이는 글이 새겨진 바위도 찾아냈다. 바이킹이 이곳에서 원주민들과 여러 물건을 거래한 증거이다.

그렇다면 바이킹의 아메리카 대륙 발견이 콜럼버스의 발견처럼 세계사에 극적인 변화를 가져오지 못한 이유는 무엇일까? 주경철 교수의 설명에 따르면, 우선 바이킹들이 당시 아메리카 인디언들을 지배할 만한 강력한 힘이 없었다. 16세기 이후 에스파냐, 프랑스, 영국과 같은 막강한 힘을 가진 국가가 주도하는 바다의 팽창과는 거리가 멀었다.

다음으로 지배력이 없는 상태에서 두 지역이 관계를 이어가려면 교역을 계속할 수 있는 여건, 즉 두 지역의 물품이 서로 달라 상대 물건을 얻고자 하는 필요가 생겨 교역이 지속적으로 이루어져야 하는데, 두 지역의 생산물은 크게 다르지 않았다. 게다가 10세기 이후 기후가 점점 더 추워지고 얼음이 남쪽으로 더 내려와 바다에서 항해하기가 힘들어졌다. 결국, 서쪽으로 향했던 바이킹의 대모험은 흔적만 남긴 채 끝나고 말았다.

04

바이킹, 도시와 국가의 성장을 돕다

스웨덴의 바이킹은 동남쪽으로 나아갔다. 큰 바다를 지나는 서쪽과 달리 동남쪽으로 향하는 바이킹은 작고 가벼운 보트를 이용하여 러시아의 강을 타고 비잔티움제국까지 내려갔다. 강을 타고 내려가다가 강이 끊기거나 폭포를 만나면 배를 들고 옮겨야 했으므로 소형 배가 이동하는 데 적합했다.

이런 작은 크기의 배를 이용한 바이킹들은 낯선 지역에 들어가 물건을 사고파는 상업 활동을 했다. 물론 단순히 물건만 매매한 것은 아니다. 낯선 지역에서 상대의 공격을 받아 물건을 빼앗길 수도 있었다. 그러니 만일의 경우를 대비하여 스스로 무장할 필요가 있었다. 또 상대가 약할 때는 무력을 이용해 빼앗을 수도 있다. 결국, 상업과 약탈이 동시에 진행된다고 볼 수 있다. 10세기 전후 중세 교역 방식의 하나였다.

당시 전사이자 상인이기도 한 스웨덴의 바이킹은 러시아 삼림에서 얻은 모피와 꿀, 그리고 마을을 공격하여 확보한 노예들을 배에 싣고 흑해를 거쳐 콘스탄티노폴리스까지 운반했다. 그들은 교역을 위해 비잔티움제국의 수도를 방문했지만, 때론 도시를 침략한 경우도 많았다. 이러한 공격이 성공을 거둔 적은 없지만, 공격을 빌미로 황제로부터 상업 활동을 할 수 있는 특권을 얻어낼 수 있었다.

바이킹들이 교역을 매개로 동남쪽으로 진출하면서 가는 길목에는 중간 거점 도시들이 형성됐다. 교역이 이루어지면 사람들이 모여드는 장소가 만들어지고, 왕이나 귀족들도 재정 수입을 확보하기 위해 상업을 장려하기도 했다. 때로는 종교적 의식을 치르는 장소에서 상업 활동이 함께 이뤄지기도 했다.

바이킹, 동쪽으로 이동하다

스웨덴의 바이킹이 동유럽 쪽으로 팽창해가면서 러시아가 형성됐다. 루스(Rus), 혹은 로스(Rhos)로 불렸던 이들 바이킹은 슬라

• **배를 끌고 가는 바이킹**
  러시아 지역으로 들어간 바이킹 상인이 육상에서 자신들이 타고 온 배를 끌고 있다.

브족 거주지를 침략했다. 9세기 중엽 노브고로드에 거점을 마련
하고 신속히 남쪽으로 내려가 키예프를 장악했으며, 이후 슬라
브 전 지역을 차지했다.

　이렇게 바이킹들이 슬라브족 거주지에 들어가면서 두 종족이
섞였다. 처음에는 스칸디나비아인들과 슬라브족이 분리되어 있
었으나, 날이 갈수록 두 종족이 인종적으로 문화적으로 혼합되
고 슬라브화됐다. 왕 이름도 바이킹 방식인 루리크나 올레그가
더 이상 아니었다. 블라디미르, 야로슬라브처럼 슬라브 이름이

사용됐다. 이즈음 '루스'라는 말은 국가를 가리키는 말이 되어 이후 '러시아'라는 국가명의 배경이 됐다.

바이킹의 여행은 비잔티움제국에서 멈추지 않고 더 멀리 나아갔다. 일부 바이킹들은 볼가강과 카스피해를 이용하며 불가르(현재 카잔), 아라비아 등지에서 교역했다. 922년 당시 한 아랍의 외교관이 자신의 일기에 이런 글을 남겼다.

나는 루스(Rus)인들이 교역의 임무를 띠고 볼가강에 닻을 내렸을 때 그들을 처음 보았다. 내가 본 사람들 중 가장 완벽한 체격을 갖춘 사람들이었다. 키가 대추야자만큼이나 크고 불그스레한 피부색을 띠고 있었다.

– 「이븐 파들란의 일기」

볼가강 주변에서 바이킹이 교역하고 있었다는 내용이다. 이 외에도 아바스왕조의 은화가 스칸디나비아에서 발견됐는데, 1,000곳 이상에서 6만 개가 넘게 나왔다고 한다. 당시 진행된 활발한 교역을 알 수 있는 대목이다.

이처럼 바이킹들은 폭력적인 약탈과 상업적인 교역을 동시에 진행하면서 사람들이 모이는 거점을 만들어갔다. 그러다가 11세기가 지나면서 크게 약화됐다. 영국·러시아 등지에 각 국가가 자리 잡으면서 바이킹이 격퇴됐고, 바이킹들은 지역 문화에 흡수되었다.

05

바이킹에 관한 몇 가지 이야기

우리가 바이킹의 모험과 활동을 생생하게 알 수 있는 이유는 무엇일까? '사가(saga)'가 있기 때문이다. 바이킹의 모험을 담은 이야기인 사가는 사람들 입으로 전해오는 구전 문화의 하나였는데, 13세기 이후 가톨릭 시대에 문자로 기록됐다. 바이킹 시대인 8세기~11세기에서 2세기나 지나 기록되어 이를 역사적 사실 자체라고 보기는 어렵다. 실제 이야기를 바탕으로 쓴 글처럼 보이지만 결국 꾸며낸 이야기로 볼 수 있다. 다만 구체적인 사실이 틀리다 하더라도 바이킹 시대의 큰 흐름과 기본적인 내용은 살펴볼 수 있다.

사가는 크게 두 종류로 나뉜다. 하나는 '왕의 사가'라 하는데 초기 스칸디나비아 통치자들과 역대 노르웨이 왕들의 이야기이다. 이를 쓴 시인들은 생계를 왕에게 의존함으로써 왕을 칭송해야 했다. 이에 시인들의 이야기에서는 왕의 존재가 크게 부각됐다.

다른 하나는 '아이슬란드 사가'라고 하는데 아이슬란드 초기 정착에 관한 이야기이다. 870년~930년 사이 초기 정착 과정, 생존, 갈등과 중재 등의 내용을 담고 있다. 사가를 책으로 묶었는데, 텍스트는 양피지를 사용하여 기록했으며 필기구인 철필을 귤의 즙으로 만든 잉크에 찍어서 글을 썼다.

바이킹이 바라보는 우주관

바이킹은 이 세상을 어떻게 이해했을까? 북유럽신화를 통해 바이킹의 우주관을 확인해볼 수 있다. 이들은 세계가 3개의 층으로 나뉘어 있다고 생각했다.

세계의 중심에는 이그드라실이라는 커다란 물푸레나무가 있는데, 이 나무의 뿌리가 3개 층에 걸쳐 있다. 3개 층 중 첫 번째는 신들의 요새인 아스가르드이고, 두 번째는 인간들이 사는 미드가르드, 세 번째는 얼음 덮인 죽음의 땅인 니플하임이다. 미드가르드 주위를 바다가 둘러싸고 있는데, 인간과 신들의 적인 거인들이 이 바다에 출몰한다. 거인들이 사는 땅은 요툰하임이다. 신, 거인, 기타 정령들에 관한 신화는 바이킹의 근면하고 호전적인 기질을 잘 반영하고 있다.

바이킹이 가장 좋아했던 신 토르가 체면을 구긴 사연을 들어보자. 토르가 어느 날 거인들이 살고 있는 우트가르트를 찾아가는 도중 인간 세상의 한 농가에 간 적이 있었다. 가난한 농가여서 토르가 저녁 식사를 준비했다. 자신의 전차를 끄는 염소 두 마리를 죽여 가죽을 벗기고는 솥에 넣어 요리했다. 그런 다음 농부의 가족과 함께 식사했다.

식사하기 전 토르는 염소 가죽을 잘 말리면서 가족들에게 "고기는 먹되 뼈는 절대 부러뜨리지 말고 원래 상태로 보존했다가 이 가죽에 던져라"라고 말했다. 그런데 농부의 아들인 티알피는 뼛속에 든 맛있는 골수를 그냥 버리기 아까웠다. 결국 티알피는 넓적다리 뼈에 붙은 살을 먹고 칼로 뼈를 갈라 골수까지 먹었다.

다음 날 아침 토르는 염소 가죽 위에 서서 망치 묠니르를 손에 잡고 휘둘렀다. 가죽 위에는 살을 발라먹고 남은 뼈들이 놓여 있었다. 그러자 염소들이 다시 살아났다. 염소 두 마리가 각기 네 발로 섰으나 한 마리가 뒷다리 하나를 절었다. 누군가 자신의 명

• 바이킹의 우주관
북유럽신화의 세계관을 나타낸 그림이다. 이 세계는 세 개의 층으로 나뉘어 있다고 보았다.

령을 어긴 사실에 화가 난 토르는, "대체 어느 놈이냐?" 하고 호
통을 쳤다. 농부가 용서를 청하자 토르는 농부의 아들인 티알피
를 하인으로 삼아 함께 여행을 떠났다.

얼마 가지 않아 피곤했던 토르는 주변에 잠잘 곳을 찾았다. 티알피가 찾은 동굴 다섯 개 중 하나에 들어가 잠이 들었다. 그러다가 천둥소리보다 큰 소리에 놀라 벌떡 일어나보니 어마어마하게 큰 거인이 코를 골면서 잠을 자고 있었다. 화가 난 토르가 망치를 휘둘러 거인의 두 눈 사이를 내리쳤다. 하지만 거인은 코를 골면서 간지러운지 한 손으로 이마를 만질 뿐이었다. 이내 눈을 뜬 거인은 주위를 두리번거리더니 자신의 장갑을 손에 끼웠다. 토르가 본 다섯 개의 동굴은 사실 거인의 장갑이었다.

신을 대접하라는 토르의 호통에 거인은 자신의 성으로 안내한 뒤 술이 담긴 큰 뿔잔을 내주었다. 토르는 마시고 또 마셨지만 술잔을 비울 수 없었다. 이번에는 거인이 자신의 고양이를 보냈다. 거대한 고양이가 토르를 한번 혀로 핥았는데 토르는 쓰러지고 말았다. 화가 머리끝까지 난 토르가 고양이를 바닥에 쓰러뜨리려 했지만, 하품만 하는 고양이의 발 하나만 겨우 들어올릴 수 있을 뿐이었다.

그러자 거인은 또다시 허리가 꼬부라진 늙은 여자와 씨름 경기를 하게 했다. 토르는 이번에도 노파의 상대가 되지 못했다. 노파가 토르를 바닥에 눕히고 한쪽 발로 그의 가슴을 밟아 누르자 토르는 꼼짝도 못했던 것이다. 거인의 성에서 세 번 연거푸

실패한 토르는 너무 자존심이 상했다. 이때 거인은 다음과 같이 말했다.

"당신이 지금까지 무엇을 했는지 말해주지. 망치로 내 이마를 쳤을 때 당신은 이 세상 땅덩어리를 내리쳐 계곡이 생겼지. 또 뿔잔의 술은 바닷물이었어. 당신이 마시는 바람에 온 세상의 바다가 조금 얕아졌어. 고양이의 발은 인간 세계 전체를 감싼 거대한 뱀이야. 그 뱀을 들어올렸던 거라고. 그런 힘이 있는데도 당신은 그 할멈을 이기지 못했어. 이유가 뭘까? 노인은 아무도 이길 수 없어. 세상에서 제일 힘 센 자도 노인 앞에서는 어린애에 불과하지."

거인의 빈정거리는 말에 화가 폭발한 토르가 고함을 지르며 망치를 휘둘렀다. 그러나 그 순간 거인도 노파도 뿔잔도 고양이도 거인의 성도 스르르 사라져버렸다.

이러한 신화는 바이킹 사회에서 높이 평가됐던 기질인 지혜, 용기, 풍요, 예의, 탐욕, 잔인함 등을 갖춘 인물들을 칭송한다. 당시 바이킹들은 신화를 들으며 이승과 저승에서 성공을 거두기를 희망했다. 북유럽의 신화에서 다루는 우주관이나 이야깃거리는 오늘날까지 영화, 게임, 문학 등에 다양한 소재로 활용되고 있다.

앞에서 이야기한 마블 사의 영화 외에도 온라인 게임 〈라그나로크〉, 소설과 영화에서 큰 관심을 받았던 〈반지의 제왕〉 등이 대표적인 예이다.

우리가 바이킹의 모험 이야기를
생생하게 접할 수 있는 이유는?

어느 나라나 해당 지역에 사는 사람들의 이야기를 알려면 '기록'
이 있어야 한다. 이 기록이 그 나라의 '역사'를 구성하는 바탕이
된다. 그렇다면 바이킹의 이야기를 알 수 있는 '기록'으로는 무엇
이 있을까? 앞에서 언급했듯이 '사가(Saga)'가 있다. 이 지역의 사
람들이 입에서 입으로 전하던 이야기를 13세기 이후에 문자로
남긴 자료인데, 이 중 700편 이상이 되는 아이슬란드 사가는 유
럽 문학에서 뛰어난 작품들 가운데 하나라고 볼 수 있다. 신원이
알려진 작가와 신원을 알 수 없는 작가들에 의해 13세기에 쓰였
다. 왕이나 성스러운 주교들의 삶과 행적 등을 위주로 쓴 역사적
인 작품도 있고, 전설적인 영웅들을 찬양한 이야기도 있고, 고대
북유럽 사람들의 탐험과 원정에 대한 쉼 없는 욕망을 묘사한 기
록도 있다.

사가에는 반드시 주인공의 종교적 신앙이나 의지가 나타나므로, 이를 통해 크리스트교를 받아들이기 이전의 신앙과 관습을 엿볼 수 있다. 예를 들어 어느 사가에 보면 한 인물이 아이슬란드로 이주하기로 결심하면서 다음과 같이 말했다고 한다.

토롤프는 신전의 높은 자리에서 떼어 온 여러 기둥을 배 밖으로 버렸는데, 그 기둥 중 하나에 신의 조각상인 토르가 새겨져 있었다. 그는 자신이 던진 기둥들이 다다른 해안의 어느 지점에 정착했다.

다른 사가에는 당시 노르웨이 왕의 증오를 샀던 에길이라는 인물이 왕에게 잡혀 죽게 됐을 때 그 위기를 벗어나는 이야기가 담겨 있다. 처형되기 직전 주인공은 왕의 업적을 칭송하는 시를 읊어 목숨을 구했다. 그 시는 전날 작성됐다. '군주가 창을 높이 쳐들어…… 전사들의 뇌수를 흩뿌린다. 마치 쇠처럼 차갑고 강한 바람이 오딘의 나무들을 쓰러뜨리듯이…….' 여기에서 '오딘의 나무'는 전투를 하는 병사를 의미하는데, 전쟁터에서 사람의 생사는 오딘이 결정하기 때문에 이런 비유가 사용됐다.

　　이처럼 '사가'는 북유럽 지역에서 살아온 사람들의 이야기를 생생하게 전해준다. 또한, 지금도 사람들에게 수많은 영감을 주면서 〈토르〉와 같은 영화나 〈라그나로크〉 등의 게임이 나오는 데 큰 영향을 끼치고 있다.

'사가'에 나오는 기록들은
어디까지 믿을 수 있을까?

북유럽 사람들이 8세기~11세기에 일어난 내용을 13세기에 기록한 '사가'를 어디까지 믿을 수 있을까? 앞에서 말했듯이 '사가'에는 북유럽에 살았던 바이킹들의 탐험과 모험에 관한 이야기들이 다수 수록되어 있다. 영웅들의 이야기를 담아 꾸며낸 내용들이 있을 것이라 생각되기도 하지만, 당시 사람들의 탐험과 이동 과정을 짐작해볼 수 있다.

당시 노르웨이에서 아이슬란드로 옮겨 간 사람들이 870~930년 동안 2만 5,000명이 되는데, 이는 노르웨이 인구의 8퍼센트나 된다고 한다. '사가'를 통해 정확한 숫자는 알 수 없지만, 노르웨이에서 아이슬란드로 이동한 많은 사람들의 이야기는 확인할 수 있다. 그 외에도 빨강 머리 에리크나 에리크의 아들 이야기 등을 통해 바이킹들이 아이슬란드를 넘어 그린란드, 심지어 북아메리카의 해안까지 계속해서 탐험했다는 사실도 알 수 있다. 역사가들은 북유럽에서 다수의 사람들이 이동한 이유로 북유럽의 인구가 갑자기 늘어난 점, 농사 지을 땅이 부족해진 점, 상층 집단 간에 갈등이 발생한 점 등을 들고 있다. 당시 기록은 이렇듯 사람들의 모습을 그리는 데 훌륭한 재료가 된다.

●

'오마주'의 뜻은 무엇일까? 영화에서 다른 작가나 감독의 업적과 재능에 대한 경의를 담아 특정 장면이나 대사를 모방하는 일이다. 그렇다면 '토너먼트'의 뜻은 무엇일까? 경기를 거듭할 때마다 진 편은 제외시키면서 이긴 편끼리 거루어 최후에 남은 두 편으로 우승을 가리는 경기 대전 방식을 말한다.

이 두 단어가 나오게 된 공통적인 배경은 바로 중세 유럽이다.

시대 변화를 따라가지 못하고 과거에 집착하는 사람들의 생각을 가리킬 때 쓰는 말, '봉건적인 사고방식'! 여기에서 '봉건'이라는 용어 역시 중세 유럽에서 그 기원을 찾을 수 있다. '오마주' '토너먼트' '봉건'과 같은 단어가 등장했던 중세 유럽의 사람들은 어떤 모습으로 살아갔을까? 영주나 기사들은 어떠한 특권을 누렸으며, 농노들은 어떠한 의무를 이행하며 지냈을까?

이 질문에 답을 찾아보자.

●

제3장

중세 유럽인의
일상과 사랑

01

영주, 그들이 누린 특권

중세 유럽의 사회 계층은 어떻게 구성되었을까? 제일 위에 국가의 최고 지도자인 국왕, 다음으로 성직자와 귀족, 그리고 일하는 계층인 농노가 있었다. 귀족의 경우 국왕에게서 받은 땅에 정착한 제후, 갑옷 등을 입고 말을 탄 전사인 기사가 있었다. 보통 제후나 부유한 기사 등은 자신의 땅에서 영주가 됐다. 영주는 자신이 다스리는 땅에서 권리를 행사하는 사람을 말한다. 영주의 땅을 장원이라고 하는데, 장원에는 농노가 살고 있었다. 농노는 평생 영주에게 속해서 농사를 짓는 농민을 가리킨다.

　영주와 농노의 관계를 들여다보면, 지배를 받는 농노는 영주에게 일정한 양의 식량을 바쳤고, 지배하는 영주는 농노에게 토지를 보유할 권리를 주었다. 한편 영주는 계약을 통해 기사들에게 땅을 주었고, 기사는 그 대가로 영주에게 충성을 약속했다. 영주는 국왕으로부터 땅과 성을 받았고, 그 대가로 국왕의 군대에 봉사하고 세금을 냈다. 이런 방식으로 중세 유럽 사회가 운영됐다. 이처럼 영주와 농노가 지배하고 지배당하는 관계를 형성하면서 동시에 영주와 기사가 땅을 매개로 서로에게 의무를 지는 주종 관계를 맺었다. 이러한 주종 관계를 기본으로 하는 통치 제도를 가리켜 '봉건제(feudalism)'라고 한다.

유럽의 봉건제는 어떻게 나타나게 됐을까? 국왕이 영주들에게 영토를 주고 충성을 약속받는 방식을 가장 잘 활용한 예는 잉글랜드의 정복왕 윌리엄에게서 찾을 수 있다.

정복왕 윌리엄, 불행왕 해럴드

11세기 중반 잉글랜드에는 참회왕 에드워드(재위: 1042~1066)가 다스리고 있었는데, 그에게는 아들이 없었다. 이에 귀족들은 귀족 해럴드를 다음 왕으로 결정했다. 한편 에드워드 왕의 먼 친척 중에는 노르망디 공 윌리엄이 있었다. 프랑스의 바이킹 왕국인 노르망디 사람으로 앞에서 말한 롤로(Rollo)의 5대손이었다. 윌리

- **잉글랜드와 노르망디**
  잉글랜드와 노르망디 지역은 영국해협을 사이에 두고 서로 마주 보고 있다.

엄은 잉글랜드의 한 공주와 결혼하여 잉글랜드 왕가와 인척 관계가 됐다. 그는 자기가 에드워드 왕의 후계자여야 한다고 주장했지만, 잉글랜드의 신하들은 노르망디 출신의 국왕을 바라지 않았다.

그러던 어느 날 해럴드가 항해 도중 배가 부서져 노르망디 해변에 도착했다. 윌리엄은 해럴드를 즉시 구출하고 성대하게 잔치까지 베풀어주었다. 잔치가 끝나갈 무렵 윌리엄은 식탁에 손을 올리고 해럴드에게 왕위를 넘길 것을 요구했다. 어쩔 수 없이 해럴드는 그러겠다고 했다. 그러자마자 윌리엄은 식탁 보자기를 벗겼는데, 그 아래는 옛 성인들의 유골이 가득했다. 결국 성인들의 유골을 두고 맹세한 셈인데, 당시에는 성스러운 유골을 두고 한 약속은 반드시 지켜야 했다. 교회에서는 죽은 성인의 옷, 뼈, 머리카락 같은 유품이나 유골 등은 성인의 영혼이 깃들어 있기 때문에 병을 낫게 하거나 부를 가져다주는 신비로운 힘이 있다고 믿었다.

잉글랜드로 귀국한 해럴드는 약속을 거절하고 왕위에 올랐다. 1066년 명분을 쌓은 윌리엄은 바이킹 전사들을 이끌고 잉글랜드에 쳐들어왔다. 우여곡절 끝에 헤이스팅스언덕에서 싸운 전투에서 해럴드는 전사했고, 잉글랜드는 항복했다. 이 사건을 역사에서는 '노르만 정복'이라고 부른다. 전사한 해럴드는 '불행왕 해럴드'라는 명칭으로 비석에 새겨졌고, 윌리엄에게는 '정복왕 윌리엄'이라는 새 별명이 붙었다.

노르망디의 윌리엄 공은 잉글랜드를 정복한 후 잉글랜드의 많은 땅을 확보했다. 윌리엄은 통치하는 나라가 자신의 소유물이어야 진정한 왕이라고 생각했다. 그래서 왕위에 오른 후 잉글랜드의 전 국토가 자신의 소유라고 선언했다. 자신을 따르던 기사

• **헤이스팅스 전투에서 눈에 화살을 맞는 해럴드 왕**
프랑스 노르망디 바이외에서 발견된 두루마리 양탄자로 헤이스팅스 전투가 묘사되어 있다. 양탄자의 길이가 무려 70여 미터에 달한다.

들에게는 광대한 잉글랜드 땅을 나눠주었다. 이때 땅을 나눠주는 사람을 주군, 땅을 받은 대가로 충성을 약속하는 사람을 봉신(vassal)이라고 한다. 즉 왕이 주군이 되고, 기사가 봉신이 된다. 봉신이 된 기사들은 그 대가로 주군인 국왕의 군대를 위해 필요한 돈을 내고, 또 국왕이 부르면 언제든 달려와 국왕의 군대에서 일하겠다고 약속했다. 이러한 방식으로 윌리엄은 잉글랜드에 상하 관계가 분명한 봉건제를 정착시켰다.

한편 잉글랜드 왕인 윌리엄은 권력이 분산된 봉건제에서도 국가를 통합할 수 있는 다양한 공권력을 발휘했다. 잉글랜드에서는 오직 왕만 화폐를 만들 수 있었고, 왕의 화폐만 유통될 수 있었다. 이를 바탕으로 국가의 토지세를 거두었고, 공공 법정에서 재판을 주관했으며, 잉글랜드 주민에 대한 군대 동원권을 행사했다. 윌리엄은 잉글랜드에서 토지를 가진 모든 이들은 궁극적으로 왕에게 충성을 다할 의무가 있다고 주장했다. 이런 점에서 대륙에서 정착된 봉건제와는 달랐다.

잉글랜드와 달리 대륙에서는 8세기 초 프랑크왕국의 카롤루스 마르텔이 궁재로 있었던 시기에 주군과 봉신의 관계가 등장했다. 그는 대규모 기병을 이용하면서 각 전사에게 충성을 서약하는 대가로 땅을 주었다. 이후 9세기 프랑크왕국이 분열되고 바이킹이 쳐들어오면서 각 지역이 스스로를 방어해야 했고, 하층민들이 자발적으로 영주 밑으로 들어오게 됐다. 왕보다는 각 지역의 영주가 기사들과 계약을 맺으면서 봉건제가 형성되었다. 따라서 대륙의 경우 땅을 받은 봉신들은 왕이 아닌 자신과 계약을 맺은 당사자인 주군에게 충성했다. 그 대상이 왕으로 한정되지 않았다.

주군과 봉신, 서로가 지켜야 할 의무

먼저 중세 유럽 지배층의 모습을 살펴보자. 지배층인 왕, 제후, 기사 등은 계약을 통해 주군과 봉신의 관계를 형성했다. 누가 주군이 되고 누가 봉신이 되었을까? 주군은 국왕과 제후, 부유한 기사 등이 담당했고, 봉신은 하급 기사가 맡았다. 기사가 또 다른 기사를 고용한다면 앞의 기사가 주군, 뒤의 기사는 봉신이 됐다. 일단 계약을 통해 주종 관계가 형성되면 봉신은 군사적으로 주군에게 봉사해야 한다. 그렇다면 봉신은 주군에게 어떤 봉사를 해야 할까?

봉사의 기간은 방어를 위주로 한 전투의 경우 적을 물리칠 때까지, 공격을 위주로 한 전투일 경우 1년에 30일에서 40일까지로 제한됐다. 주군의 큰아들이 기사가 될 때, 큰딸이 결혼할 때, 주군이 다른 상대에게 몸값을 갚아야 할 때, 봉신은 주군에게 돈이나 물건을 보내주어야 했다. 주군 일행이 방문할 경우 이들을 대접해야 할 의무도 있었는데, 나중에 횟수, 기간, 대접할 음식 가짓수, 수행 인원 등도 계약 내용에 담았다. 금기 사항도 있었다. 그중 가장 나쁜 것은 주군을 살해하거나 주군의 아내나 딸을 유혹하는 일이다. 이러한 행동으로 갈등이 싹트는 경우도 있었다.

주군은 봉신에게 어떤 권한을 행사했을까? 주군은 봉신과 그의 토지를 보호해야 할 의무가 있었다. 봉신 집안의 혼인, 상속 등에도 관여했다. 특히 봉신의 딸이 혼인하는 경우 딸은 아버지 땅의 일부를 혼인 지참금으로 남편에게 가져가게 되어 있어 주군의 허락이 필수였다. 봉신이 죽고 결혼하지 않은 딸이 봉신의 땅을 상속한 경우 그 땅에 부과된 의무를 수행할 남편감을 찾아주는 게 주군의 도리였다. 주군에게는 땅을 바라는 젊은 기사가 많아 이들을 연결시키는 일은 어렵지 않았다.

정말 영주에게 초야권이 있었을까?

다음으로 영주의 땅인 장원에서 볼 수 있는 영주와 농노의 관계를 살펴보자. 봉건제로 운영되는 중세 유럽에서 영주는 자신의 땅에 속한 농노와 관련된 사건을 재판할 수 있었다. 농노에게서 세금을 거둘 수 있는 특권도 있었다.

그런데 영주가 자신의 장원에서 초야권을 가진다는 내용이 계속 논란이 되어 왔다. 초야권이란 결혼 첫날밤에 신랑 이외의 남자인 봉건 영주나 성직자가 신랑보다 먼저 신부와 잠자리에 드는 권리를 말한다. 정말 중세 유럽의 영주는 자신의 땅에서 초야권을 행사할 수 있었을까? 음악과 미술 등 예술 작품이나 영화에서 초야권을 실제로 있었던 일처럼 다루면서 오늘날 사람

• **봉건 영주에게 딸을 바치는 노인**
눈치를 보고 있는 딸들과 달리 영주는 거만한 자세를 취하고 있다. 1874년 바실리 폴레노프의 작품이다.

들이 중세를 야만적인 시대로 오해하게 하는 밑돌이 됐다. 특히 1995년에 상영된 멜 깁슨 주연의 〈브레이브 하트〉라는 영화는 영주의 초야권 행사로 주인공이 분노하는 장면이 고스란히 담겨 초야권을 널리 알리는 데 한몫을 했다.

그 외에도 모차르트의 오페라 「피가로의 결혼」, 볼테르의 희극 「초야권」 등에서도 초야권을 다루고 있다. 「피가로의 결혼」은 귀족의 부당한 권력과 모순을 초야권 제도로 상징하여 관객들의 분노를 키웠고, 이후 프랑스혁명에 영향을 주기까지 했다. 「피가로의 결혼」의 첫 장면은 조만간 결혼식을 올릴 새신랑 피가로와 새신부 수산나가 대화하는 장면이다. 수산나는 주인인 백작이 자신을 유혹할 궁리를 하고 있다며 다음의 대사를 이어간다.

수산나: 그분의 속셈은 영주의 권리를 내세워 나를 취하려는 거예요.
피가로: 뭐라고? 백작님은 그 권리를 포기하지 않았소?
수산나: 후회하고 계세요. 다시 찾아가려 해요.

파울 프리샤우어가 쓴 『세계풍속사』라는 책에도 다음의 대목이 나온다.

전형적인 경우 모든 농노는 자유민으로서 권리를 완전히 누리지는 못했다. 농노는 결혼할 수 있었지만, 영주의 허가 없이 다른 마을 사람과 결혼할 수는 없었다. 또 결혼할 경우 장원 영주는 신부에 대해 '초야권'을 갖고 있었다. 결혼 승낙의 담보로 영주에게 약속된 특권이었다. 게다가 신랑은 '혼인세'를 지불해야만 했다.

과연 그럴까? 역사학자인 김응종 교수는 초야권이 잘못된 사실이라고 말한다. 그 근거는 우선 초야권을 뜻하는 '드루아 뒤 퀴사주(droit de cuissage)'라는 말이 나온 시기이다. 프랑스의 대표적 사전인『로베르 사전』과『라루스 사전』에는 이 말이 16세기 처음 사용됐다고 한다. 1577년 뒤베르디에가 펴낸『여러가지 강의』에는 '퀴사주(cuissage, cuisse란 허벅지, 엉덩이를 뜻함)'라는 단어가 나오지 않는다. 단지 '젊은 부부의 침대에 다리(jambe)를 가로질러놓은 관습'이라고 하며 막연히 서술하고 있을 뿐이다. 게다가 퀴사주라는 단어는 계몽사상가인 디드로의『백과사전』(1755)과 볼테르의『습속론』(1756)에 처음 등장한다. 결국, 근대 계몽 사상가들이 만들어낸 말이라고 볼 수 있다.

가톨릭 성직자들도 초야권을 행사했다는 이야기가 있다. 당시 가톨릭교회는 결혼 후 3일간 금욕하라고 했는데, 이를 피하기 위해 결혼 당사자들이 교회에 돈을 지불하는 관행을 오해한 데서 비롯됐다. 또 세속과 교회의 갈등이 일어났을 때 교회를 공격할 무기로 초야권을 언급하는 과정에서 나온 이야기들이다.

초야권이 허구라면 중세에 농노들은 영주에게 결혼과 관련하여 지불했던 비용도 없었을까? 그렇지 않다. 결혼세를 냈다. 1235년에 작성된 어느 글에는 '농노는 자신의 딸을 마을 바깥사람과 결혼시킬 때 퀼라주(cullage, 결혼세)를 낸다'라고 되어 있다.

이처럼 초야권은 일부 몰지각한 영주가 횡포를 부려 행사했을 수도 있으나, 공인된 권리는 아니었다. 당시 다리를 올려놓는 관습이나 결혼세에 대한 잘못된 이해, 교회 비판, 계몽 사상가들의 편견 등이 작용하여 초야권이라는 신화가 만들어졌다.

제3장 중세 유럽인의 일상과 사랑

02

농노의 일상생활

중세의 지배 신분인 기도하는 사람(성직자), 지배하는 사람(영주), 싸우는 사람(기사)이 각자 제 일을 하려면 일하는 사람이 필요했다. 일하는 사람은 '뿔 없는 소'라고 불린 농노였다. 영주가 다스렸던 '장원'에서 농노는 어떻게 살았을까?

프랑스에서 8세기경에 만들어진 것으로 보이는 무덤을 발굴하여, 출토한 치아를 조사해보니 모두 많이 닳아 있었다고 한다. 또 구루병(비타민D의 결핍으로 뼈가 휘는 병)의 흔적이 많고 모두 젊은 나이에 죽어 있었다고 한다. 당시 사람들은 거친 음식을 먹었으며 그조차도 충분하지 않았을 것이다. 당시 프랑스 농민이 밭을

갈 때 사용하던 괭이도 나무로 되어 땅을 깊게 갈기에 역부족이어서 땅의 힘을 충분히 활용하지 못했다. 이는 유럽에서 밀이 자라기 어려운 환경을 만들었다. 그나마 가축이 있어 부족한 영양을 일부 보충할 수 있었다. 사람들이 개간하지 않은 초원과 삼림에 소, 돼지 등을 길렀고, 집 근처에는 닭을 길러 달걀을 얻을 수 있었다.

농민의 일상을 들여다보다

농노는 신분상 자유로워 노예보다는 나은 처지이지만, 영주의 토지에 매인 몸이었다. 농지에서 벗어날 수 없었고 영주의 땅이 팔릴 때 함께 팔렸다. 땅의 소유권을 가질 수는 없으나 다른 농노들과 공평하게 분배받은 땅에서 농사를 짓고 그 땅을 자손에게 물려줄 수 있었다. 이를 소유가 아닌 '보유(保有)'라 한다. 따라서 최소한의 생활은 보장받을 수 있었다. 9세기 프랑스에 보도라는 농민이 살고 있었다. 아내와 세 아이를 부양하는 그는 매일 영주 밭에서 소를 끌며 열심히 일했다. 보도는 일주일에 사흘은 영주의 밭에 나가 일해야 했다. 장원에 속한 농노였기에 의무 사항이었다.

물론 이것만이 아니었다. 영주가 자신의 저택을 수리하거나 물건을 나를 때 하루 종일 거들어야 했다. 숲에서 나무를 베고, 포도를 따고, 술도 만들어야 했다. 이렇게 장원에서 일하기가 고되고 괴로웠지만 어쩔 수 없었다. 나머지 사흘만이라도 자기가 받은 밭과 목초지에서 수확량을 늘리고자 온 힘을 기울였다. 이렇게 얻는 수확물조차도 일부는 세금으로 영주에게 바쳐야 했다. 어떤 혜택을 얻으면 반드시 대가를 지불해야 했다. 숲에 돼지를 방목할 권리를 얻으면 포도주 큰 통을 바쳐야 했다. 영주 직영지의 목초를 양이 뜯어먹을 수 있게 해 주면 3년에 한 번 양 한 마리를 내야 했다. 농노의 아내 역시 영주를 위해 매년 옷감을 짜고 의복을 만들어야 했다.

바퀴가 달린 쟁기, 농촌을 바꾸다

11세기가 되어 농촌의 모습은 상당히 달라졌다. 방앗간에서는 가루를 빻는 물방아가 세차게 돌아갔다. 유럽 농민들은 밀 수확량이 이전보다 세 배까지 늘었고, 밀을 빻아 빵을 만들어 먹을 수 있었다. 이렇게 수확량이 급증하게 된 이유는 무엇일까? 바로 바퀴가 달린 철 쟁기가 등장하면서부터이다. 아직 비료를 사용하지 않았던 당시 농민은 땅을 깊이 갈아 흙에 충분히 산소를 넣어주는 일이 밀 재배에 무엇보다 중요했다. 이렇게 개량된 철 쟁

• 바퀴 달린 쟁기를 이용하는 모습

　중세 시대에 바퀴가 달린 쟁기는 농사를 짓는 데 무엇보다 중요한 도구였다.

기를 활용하면서 밀 수확량이 대폭 늘어났다.

　철 쟁기에 바퀴를 붙이고 소나 말이 끌게 하여 같은 밭을 두세 번 갈 수 있어 보리 수확도 크게 늘었다. 뿌린 씨의 일곱 배까지도 수확할 수 있었다. 이제 황무지나 삼림도 개간할 수 있게 됐다.

　밀은 같은 땅에 계속 심으면 수확이 줄었다. 이를 보완하기 위해 농부들은 한 번 밀을 심으면 다음에는 땅을 놀리고 가축을 방목하는 장소로 삼았다. 차츰 계획적으로 농사를 지었다. 첫해 가을에는 밀을 심고 다음 해 봄에 수확한 후 계속해서 보리를 심는다. 두 번째 해 가을에 보리를 수확한 후 그다음은 1년간 밭을 놀려 가축 방목지로 삼는다. 1년 쉬게 한 밭에는 세 번째 해 가을에 다시 밀을 심는다. 보리나 밀 수확이 늘어도 여전히 가축은 중요했기에 방목지도 필요했다. 이렇게 계획적으로 땅을 쉬게 하고자 세 부분으로 나누어 농사짓는 방식을 '삼포제'라고 한다. 삼포제 방식으로 토지를 이용하면서 사람들은 점차 한곳에 모여 살면서 일도 공동으로 하게 됐다. 쉬게 하는 땅인 방목지를 한 집씩 개별적으로 흩어져서 갈면 바퀴가 달린 철 쟁기를 이용하는 데 비효율적일 수 있었다. 조금만 갈아도 다시 멈추고 진행 방향을 바꾸어야 했기 때문이다. 이보다는 여러 집이 한 집단을 이루어 쉬게 하는 땅을 한곳에 모아 넓게 유지하면 쟁기로 밭을 가는 일을 좀 더 수월하게 할 수 있었다.

03

기사의 삶

지난 2015년 한 유명 작가의 표절 시비가 오갈 때 트위터에 표절, 오마주, 패러디의 차이를 절묘하게 표현한 문구가 있어 화제가 됐다.

원작을 알면 재미있는 것은 패러디, 원작을 알리고 싶은 것은 오마주, 원작을 감추고 싶은 것은 표절

— 「헤럴드경제」 2015년 6월 9일자

여기에 나오는 오마주라는 말은 신문, 방송, 영화, 광고 등에서

자주 접하는 용어 중 하나인데, 무엇을 뜻할까? 백과사전에는 오마주(Hommage)란 존경과 존중을 뜻하는 프랑스어라고 되어 있다. 이 말은 중세 유럽 기사가 자신의 주군과의 계약 과정에서 나왔다.

중세 유럽에서 기사는 무기를 들고 싸우는 자로 이 시대 유일한 전투 집단이었다. 토지를 가진 영주가 되기도 했으며, 지역별로 권력이 나뉜 시대에 공권력을 담당했다. 기사는 한 손에 칼을 들고 전투로 날을 새는 동시에 농민이 바친 세금을 계산하거나 재판을 하는 사람이었다. 앞에서 이야기했듯이 기사는 주군에게 충성을 서약하고 봉신이 됐다. 주군과 봉신이 계약을 맺는 절차는 어떻게 진행될까? 기사가 손을 모아 주군 앞에 내밀면 주군은 그 손을 자신의 두 손으로 감싸는 의식을 행했다. 그런 자세로 기사는 주군에게 충성을 맹세하는 선서를 한다. 그러면 주군은 선서한 기사를 봉신으로 대우하며 그를 보호해야 할 의무를 진다. 이를 호마기움 의식이라 하는데, 바로 '호마기움'이라는 단어에서 '오마주'라는 단어가 비롯됐다.

기사 추대 과정에서 치르는 의식으로 도례(刀禮)라는 것이 있다. 먼저 가톨릭 미사를 마친 후 주군이 무릎을 꿇은 사람의 머리와 양쪽 어깨를 칼로 가볍게 건드리고, 검을 옆에 차게 하고, 방패와 창을 내린다. 마지막에는 연회를 베푼다. 실제로 의식 과정에서 칼등으로 있는 힘껏 기사 후보의 목을 내리쳐서 기절시키는 경우도 많았다고 한다. 상징적인 죽음의 의식으로 볼 수 있다. 이러한 의식으로 주군과 봉신의 계약이 완성됐는데, 한쪽이 의무를 이행하지 않을 때 다른 한쪽이 일방적으로 계약을 파기할 수 있었다. 지팡이를 부러뜨려 땅바닥에 내리치면서 파기한 사실을 알렸다.

기사가 갖추어야 할 장비

기사가 되려면 갖추어야 할 장비가 많아 실제로 돈이 많이 필요했다. 우선 말 세 필이 필요했다. 짐 싣기, 여행하기, 전투하기 등 각각의 용도에 맞는 말이 있어야 했다. 길고 비싼 기사의 외투도 있어야 했다. 외투에는 영주의 문장을 수놓았다. 훨씬 돈이 많이 들어가는 것은 전투 장비였다. 비늘 모양의 금속판을 단 가죽 어깨 막이, 목과 몸통을 위한 보호대, 튼튼한 정강이 싸개 등이 있었다. 전투 시 안전을 위해 눈 구멍과 숨 쉴 구멍만 뚫고 금속으로 만들어 어깨에 단단히 고정시킨 투구와 함께 온몸을 보호할 수 있는 사슬 갑옷이 만들어졌다.

사슬 갑옷은 비늘 모양의 가죽 조각이나 쇳조각으로 이어붙

• **기사의 장비**
말을 탄 기사가 영주의 문장이
새겨진 방패를 들고 사슬 갑옷
을 입고 있다.

인 갑옷을 말한다. 전투 중 상대의 강한 공격을 누그러뜨리기 위
해 갑옷 안에는 가죽옷을 입었다. 나무에 가죽을 덮고 문장을 그
려 넣은 방패를 가죽 끈으로 어깨에 비스듬히 고정시켰다. 마지
막으로 칼과 가벼운 창을 갖춰 완벽하게 전투 무장을 했다.

참고로 기사들은 자신의 소속을 나타내는 문장을 외투나 방패
에 그려놓았다. '문장(紋章)'이란 단체 또는 집안 따위를 나타내기
위하여 사용하는 상징적인 그림이나 문자 등을 말한다. 문장을
사용한 이유는 무엇일까? 기사는 전신을 갑옷으로 덮고 있으므
로 적군과 아군을 구분할 수 없었다. 따라서 적군인지 아군인지

쉽게 파악할 수 있도록 문장을 그려 표시해두었다. 문장을 보고 기사의 출신과 신분도 알 수 있었다. 나중에는 문장을 그리는 형식만 남아 가문의 권위를 나타내는 상징이 됐다.

기사의 명예, 기사도

기사들은 12세기경까지 상대방 마을에 불을 지르고 가축을 빼앗는 등 힘없고 자신을 지킬 무기조차 없는 약자들을 노략질하는 데 대부분의 시간을 보냈다. 심지어 수도원을 약탈하고 교회의 재물을 훔치기까지 했다. 지금의 기준으로 보면 깡패나 다름없었다. 하지만 12세기 이후에는 많이 누그러졌다. 유럽 사회가 안정을 찾고 교회가 중재하면서 이들 간의 무력 충돌이 완화됐다. 기사들을 그대로 두어서는 안 되겠다고 생각한 교회는 규칙을 지키면서 싸우도록 유도해갔다. 규칙으로는 뒤에서 공격하기 없기, 부상당한 기사를 더 이상 공격하지 않기 등이 있었다. 국왕권이 강화되어 국가가 무력을 주도하고 개인적인 결투를 억제하면서 기사들의 무력 충돌은 더욱 줄어들었다.

이에 더해 교회는 기사는 교회를 보호할 신성한 의무를 지고 있으며 여자와 수도사, 과부와 고아 같은 약자들을 돌봐야 한다고 가르쳤다. 더불어 기사들이 싸울 때 필요한 대의명분과 명예로운 목표를 만들어주었다. 이렇게 해서 생긴 기사의 새로운 삶의 자세를 '기사도(chivalry)'라고 한다. 기사들은 교회가 위태로울 때 교회를 위해 싸워야 했고, 나라를 사랑하며 영주를 공경해야 했다. 무엇보다 여자를 잘 보호해야 했다. 만약 기사가 어떤 여자를 사랑하게 됐을 때 그는 평생 그 여자를 섬기겠다고 맹세하고, 그 여자가 시키는 일은 무엇이든 기어이 해내야 했다.

기사들의 전쟁놀이

기사도는 기사들에게 명예롭게 싸울 명분을 주었지만, 싸울 기회 자체가 없을 경우 대체물이 필요했다. 바로 마상 시합이었다. 일종의 모의 전투로 창술을 연마하기에 좋은 방식이었다. 흔히 토너먼트(tournament)라고 하는데, 여러 출전자가 말을 타고 창으로 겨루어서 최후 한 사람의 승자를 가리는 대회였다.

처음에는 참가자 수의 제한 없이 기사들이 창과 칼로 상대편을 향해 돌진하여 최대한 많은 수의 상대편 기사들을 말에서 떨어뜨리는 것을 목표로 했다. 규칙이 없어 부상을 당하거나 죽는 일도 흔했다. 이처럼 난장판이었던 대회가 시간이 흐르면서 차츰 세부 규칙이 만들어지고 군중에게 인기 만점인 화려한 볼거리로 발전했다.

• **마상 시합**
말을 탄 기사들이 경기장에서 시합을
벌이고, 밖에서는 귀족 여성들이 경
기를 구경하고 있다.

시합은 다음과 같이 진행됐다. 말을 탄 참가자들이 창을 들고
울타리로 둘러싸인 시합장에서 맞은편의 상대를 향해 내달렸다.
점수는 상대적으로 매겨졌는데, 가장 높은 점수는 적을 말에서
떨어뜨린 사람에게 돌아갔고, 적을 겨눠 창을 부러뜨리고 적의
투구에 일격을 가한 경우에는 좀 더 낮은 점수를 주었다. 이러한
채점 방식으로 승자를 결정하는 게 쉬워졌다.

마상 시합 때 기사들은 시합용 장비를 갖추었다. 상대의 창 공

격을 빗겨 나가게 하기 위한 비스듬한 투구, 적에게 노출되는 부위인 왼쪽 가슴 부분을 보호해주는 특별히 더 두꺼운 갑옷을 포함하여 완벽하게 전신을 금속으로 감싼 갑옷을 입었다. 그런데 갑옷을 두껍게 입은 기사들은 제대로 싸울 수 있었을까? 사실 말에 오르는 일부터 쉽지 않았다. 80킬로그램이 넘을 정도로 무거워 말에 오르려면 시종이 기사의 허리를 밧줄로 묶고 근처의 굵은 나뭇가지에 걸쳐서 당겨주는 일도 있었다고 한다.

마상 시합 경기는 반드시 귀부인이 참관했다. 사실 마상 시합은 사교의 장이면서 동시에 선을 보는 장소이기도 해서, 기사 입장에서는 좋은 집안과 인연을 맺을 수 있는 절호의 기회였다. 한편 젊은 기사를 둔 주군은 아내를 일종의 미끼로 활용하기도 했다. 아내의 미모를 무기로 많은 기사를 자신의 성에 묶어두려 했다. 이 시대의 연애란 원칙적으로 다른 사람, 특히 주군의 아내를 사랑하는 마음을 가리키는 말로, 독신인 남녀 사이의 관계를 의미하지는 않았다. '레이디 퍼스트'라는 숙녀에 대한 기사의 봉사심은 이러한 배경으로 성립한 말이었다. 당시 주군은 마상 시합에 화려하게 치장한 아내를 데려오지만, 성으로 돌아오면 아내에게 밭일을 시키고 베를 짜게 하거나 때로 구타도 서슴지 않았다. 프랑스의 어느 서사시에는 왕비가 남편에게 고집을 부리

다가 주먹으로 코를 얻어맞는 장면까지 나올 정도였다. 우리가 알고 있는 여성에 대한 배려, 신사의 예절과는 사뭇 다른 분위기였다.

중세의 성, 귀족의 안식처이자 요새

중세 영주와 기사 등 귀족들이 살던 장소는 성이었다. 12세기경까지 대부분 귀족 주택은 나무로 만들어져 난방과 취사 중에 불이 날 때도 있었다. 12세기 이후 기술이 향상되고 왕국의 힘이 강해지면서 성들은 대개 돌로 지어져 불에 타는 경우가 별로 없었다. 성은 귀족이 살던 주택이자 방어 시설이었다. 주택 기능을 하는 성에는 굴뚝과 벽난로가 설치됐다. 그 결과 방마다 독립적으로 난방이 가능해 각자의 사생활도 제법 누릴 수 있었다.

각 지역의 요새에 해당하는 성은 우선 외부에서 접근하기 힘든 위치에 세워졌다. 예를 들어 강 절벽에 우뚝 서 있거나 천연의 호수 한가운데 자리 잡기도 했다. 천연 방어물이 없을 경우 성 주변에 해자를 파서 방어물을 만들기도 했다. 해자를 건너는 유일한 길은 다리였다. 다리는 성에서 끌어당길 수 있었으며 커다란 문루가 있어 다리 입구를 지켰다.

성에는 방어 시설이 많이 있었다. 벽에는 화살 구멍과 함께 숨

• 벨기에의 베어젤 성

베어젤 성은 천연의 호수 한가운데에 자리 잡고 있는 중세의 성이다.

을 수 있는 은신처가 있었다. 이런 기능 때문에 성벽의 윤곽은 요철 모양을 하는 경우가 많았다. 밖으로 튀어나온 부분에는 바닥에 구멍이 있어 성을 지키는 사람들이 성벽에 접근한 침입자에게 돌을 떨어뜨리거나 뜨거운 기름을 부을 수 있었다.

성을 공격하기 위해 상대편에서는 어떤 도구를 사용했을까? 바퀴가 달린 사다리를 만들어 높은 벽에 걸치고 위로 올라갔다. 혹은 성에서 던지는 돌, 뜨거운 기름 등을 막기 위해 긴 판으로

• **바퀴 달린 사다리**
　전투가 벌어지면 이 도구는 접힌 사다리를 세워 성벽을 넘는 데 사용됐다.

된 지붕을 달아서 성벽까지 접근하여 벽을 부수기도 했다. 그 외에 성벽을 부수는 투석기도 있었고 간단한 사다리도 있었다.

　성에서 화장실은 어떻게 관리했을까? 화장실은 대개 외벽 밖으로 튀어나오게 만들었다. 배설물은 바닥의 구멍을 통해 강이나 호수로 직접 떨어지거나 바닥 밑의 통으로 떨어졌고 그 통은 정기적으로 비워졌다. 바닥에 난 구멍을 통해 바깥을 내려다보면 사방이 툭 트여 있는 것을 볼 수 있다.

04

중세 사람들의 생각을 읽다

우리가 알고 있는 러브 스토리의 대표작은 무엇일까? 드라마 〈태양의 후예〉나 〈도깨비〉 등에 나오는 남녀 주인공의 이야기를 떠올릴 수도 있다. '~말입니다'라는 군인의 말투가 유행하고 각종 광고 문구에 '날이 좋아서 날이 좋지 않아서 날이 적당해서' 등의 어구가 등장하기도 했으니 말이다.

혹 서양 작품이라면 『로미오와 줄리엣』, 한국 고전 작품이라면 『춘향전』 등을 기억해낼 수 있다. 하지만 사랑의 강도를 놓고 보았을 때 단연코 『트리스탄과 이즈(이졸데)』가 최고이다. 12세기경 프랑스를 중심으로 사람들의 입에 오르내리게 됐다는 이 작품은

• **「트리스탄과 이졸데」 오페라 공연**
1865년에 리하르트 바그너가 직접 쓴 대본으로 「트리스탄과 이졸데」 오페라 공연을 펼치고 있다.

트리스탄과 이즈라는 두 주인공이 사랑의 간절함에 사무쳐 결국 죽음에 이르게 되는 이야기이다. 19세기에 다시 유행하면서 토마스 만 같은 작가가 각색하거나 바그너가 오페라 작품으로 공연하기도 했다. 2006년에는 〈트리스탄과 이졸데〉라는 이름의 영화가 제작됐다.

이 작품에는 이미 한 국왕의 왕비가 된 이즈와 그녀를 사랑한 트리스탄이 위태롭게 밀회를 즐기다가 발각되는 장면이 나온다.

제3장 중세 유럽인의 일상과 사랑

이때 국왕이 그 사실을 알고 처벌하려 했다. 그러자 트리스탄은 맹세코 왕비에게 범죄에 해당하는 마음을 품은 적이 없으며, 이즈와 사랑을 나눈 것은 오직 사랑의 묘약을 잘못 먹어 생긴 일이라고 변명했다. 이에 덧붙여 자신의 말을 증명하기 위해 다음과 같이 이야기했다.

범죄 여부를 입증하는 것은 행위가 아니라 심판이다. 인간들은 행위를 보지만 하느님은 인간의 마음을 보며 오직 하느님만이 유일하게 진실한 심판관이다. 따라서 범죄 혐의를 받는 사람은 결투를 통해 자신의 결백을 입증할 권리를 갖도록 하느님께서 그 제도를 만드신 것이며, 하느님께서는 항상 결백한 사람의 편에 서신다.

인간이 각자 제시한 말의 진실을 다 알 수 없으니 하느님의 판단에 맡기자고 하며 그 방식으로 결투를 제안하고 있는 장면이다. 이외에도 이즈가 국왕과의 관계에 대해 자신의 결백을 증명하기 위해 시뻘겋게 달궈진 쇠막대를 움켜쥐고 아홉 걸음을 걸은 후 두 팔을 벌려 보였다. 이때 불에 덴 상처가 심하면 유죄이고, 곧 나으면 무죄로 판결하는 방식을 선택한 것이다. 결국 이즈의 손에 아무런 상처가 없어 무죄 판결을 받았다.

이처럼 중세 사람들에게는 재판 과정에서 인간의 말보다 신의 뜻을 알아내 판단하는 게 중요하다는 의식이 있었다. 신의 결정을 파악한다는 명분으로 현실에서는 불가능한 과제를 제시하여 시험하는 방식을 무엇이라고 할까? 답부터 이야기하면 '시죄법(試罪法: ordeal)'이라고 한다.

이러한 재판 방식은 문학 작품에만 나오는 것이 아니라 실제 영국의 헨리 2세도 활용한 사례가 있다. 피의자로 지목된 사람의 죄를 심리하는 과정에서 물을 사용한 시죄법을 적용했다. 특정한 종교의식을 치른 뒤 피의자는 손과 발이 묶인 채 물 속으로 던져졌다. 죄인이라면 축복받은 물이 거부하여 떠오르게 되어 있고, 죄 없는 사람이라면 물에 가라앉게 되어 있었다. 당시 최종 판단은 무죄였다.

중세 사람들의 생각, 시죄법

중세 유럽 사람들이 유죄와 무죄를 확증하는 유일한 방법은 초자연적인 존재에게 묻는 것이었다. 가장 원시적인 형태의 방법은 '선서'였다. 주교와 같이 지위가 높은 사람은 혼자만의 선서로도 결백을 입증할 수 있었으나, 다른 사람들은 선서를 보조해 줄 한 무리의 사람들을 필요로 했다. 12명 또는 25명으로 이루어진 선서 보조인은 피고인이 믿을 만한 사람임을 내세워 피고의 선서를 뒷받침했다. 죄를 지은 자라면 그렇게 많은 정직한 선서 보조인을 확보할 수 없을 것이며, 또 피고인을 지지하는 이들이 감히 거짓으로 선서하여 신의 노여움을 받으려 하지는 않으리라는 생각을 전제로 했다. 선서는 세밀하게 규정된 의식에 따라 이루어졌고, 선서 도중에 발표자가 한마디라도 더듬거리면 신이 해당 선서를 거짓이라 판단한 증거로 간주하여 피고인의 패소가 결정됐다.

선서 대신에 이용된 또 하나의 방법은 여러 잔혹한 방식으로

• **시죄법**
시죄법을 보여주는 장면이다. 피고가 묶인 채로 차가운 강물에 던져지기 직전의 상황을 묘사하고 있다.

이루어지는 '시죄법'이었다. 앞에서 잠깐 나왔지만, 우선 불에 달군 쇠뭉치를 활용하는 방식이 있다. 피고가 빨갛게 달아오른 쇳덩이를 집어 들고 정해진 거리만큼 옮기게 했다. 그다음 화상을 입은 손을 붕대로 감고 3일 뒤에 상처를 조사하여 상처가 깨끗이 나으면 무죄, 상처가 곪아 있으면 유죄로 판결했다.

뜨거운 물을 사용하기도 했다. 피고는 가마솥의 끓는 물에서 돌 하나를 집어내야 했고, 화상을 붕대로 감은 뒤 3일이 지난 다음 위와 같은 방식으로 조사했다. 차가운 물을 활용하는 방식도 있다. 피고에게 미리 축성된 물속에 들어가게 했다. 그 신성한 물이 피고를 거부하여 피고가 물 위로 떠오르면 유죄로 판결했다. 피고가 완전히 물속에 잠기면 무죄로 인정됐고, 익사하기 전에 구조됐다. 중세 후반에 유행했던 매우 단순한 방식으로는 결투를 들 수 있다. 원고와 피고는 어느 하나가 죽을 때까지 싸웠고, 살아남은 자가 결백하다고 인정됐다. 두 소송 당사자는 손수 싸우거나 대리인을 내세워 싸우게 할 수도 있었다.

중세 기사들이 지니고 다닌
문장(紋章)의 의미는 무엇일까?

기사들의 복장에는 무언가를 표현하는 문장이 달려 있다. 문장
이란 국가나 단체, 또는 가문을 나타내기 위해 사용하는 상징적
인 표시를 말한다. 이는 도안한 그림이나 문자로 되어 있다. 이
러한 문장은 과연 어떠한 역할을 했을까? 기사들은 봉건 영주
의 문장을 달고 다니면서 전쟁이 발생하면 서로 협력 관계임을
보였다. 기사들이 전신을 두른 갑옷을 입고 있어 다른 표시 없이
는 적군인지 아군인지 알 수 없었기 때문이다. 문장의 한 예로 플
랑드르 지방에서는 사자를, 작센 지방에서는 뛰어다니는 군마를
사용하여 각 지방의 표시로 삼았다.

　문장은 시간이 흐르면서 기사들이 자기 자신을 알리는 용도로
활용하기도 했다. 기사들은 전쟁터에서 자신이 적군 진영을 뚫
고 성을 점령하고 성벽에 올라섰을 때 멀리서도 누군가가 자신

의 존재를 알아주기를 바랐다.

문장은 모양마다 나름의 의미가 있었다. 예를 들어 귀족은 자신의 권력을 나타내고자 관용을 상징하는 사자를 사용하는 경우가 있었다. 전쟁에서 승리해 도시를 확보했을 경우 여러 층으로 높게 세운 탑을 사용하기도 했다. 해전에 참가한 경험이 있을 때는 돌고래를 그려 넣기도 했다.

14세기에 이르러서는 방패 모양을 문장으로 사용했다. 방패 안에는 동물이나 사람의 모습을 그려 넣었다. 15세기 이후로는 라틴어로 된 문구를 문장으로 사용하는 경우도 늘어났다. 프랑스 귀족 가문의 문장에는 라틴어로 '모든 사람이 하더라도 나는 아니다'라는 글귀가 적혀 있었다고 한다.

문장을 배정하고 사용하는 일을 담당하는 관리인 '문장관'도 있었다. 이들은 문장 등록을 관리하고 조정하는 과정에서 논쟁도 벌였다. 문장관은 모의 시합인 마상 경기에서 기사들이 허가받지 않은 문장을 달고 나오면 해당 경기에 출전하지 못하게 할 수도 있었다.

문장은 지위를 나타내는 동시에 특정 인물을 나타내는 이름과 같은 구실도 했다. 따라서 전투 과정에서 자신이 지닌 문장으로 위험에 빠질 수도 있었다. 문장을 보고 상대를 알아챈 적이 집중 공격을 할 수 있기 때문이다. 어떤 황제는 전투가 벌어지자 여러 기사에게 자신의 문장을 나눠주어 전쟁터에서 자신의 정체를 알아보지 못하게 했다고 한다. 이처럼 문장은 기사나 영주에게 매우 중요한 의미가 있는 표시였다.

우리나라 대학에서 사용하는 로고는
중세 유럽의 문장과 어떤 관련이 있을까?

우리나라 대학의 이미지를 담당하는 로고 가운데 중세 유럽의 문장이 연상되는 것은 무엇이 있을까?

우선 고려대학교의 로고를 들 수 있다. 배경으로 진홍색의 방패 모양이 있고, 그 안에는 고려대학교 영문 이름, 호랑이 그림, '1905'라는 숫자가 새겨져 있다. 고려대학교 홈페이지를 통해 그 의미를 확인해보면 다음과 같다.

'방패'는 건학 정신과 교육으로 인재를 길러 나라를 구하겠다는 설립자의 신념을 의미한다. 진홍색의 방패 색깔은 활기와 정열을 상징하는 빛깔을 나타낸다고 한다. '호랑이'는 대학의 용기, 결단, 민활, 위엄 등을 표현하고 있고, '1905'라는 숫자는 대학을 세운 연도이다.

서울대학교의 로고도 의미가 담겨 있다. 월계관에 펜과 횃불을 배치하고 그 위에 책과 교문 상징을 두었다. 책에는 '진리는 나의 빛(VERITAS LUX MEA)'이라는 의미의 라틴어 문구가 새겨져 있다. 여기서도 상징을 담아낸 여러 도안이 제시되고 라틴어 문장이 포함되어 있다는 점에서 중세 유럽 문장의 형식을 취했다고 볼 수 있다.

이처럼 우리나라 대학에서 사용하는 로고는 중세 유럽의 문장을 따온 경우가 많은데, 최초의 대학을 세운 유럽의 대학과 유사하다. 참고로 12세기에 설립된 영국의 옥스퍼드 대학에서는 성서를 중심에 두고 라틴어 문구를 넣었으며, 성서 위아래에는 왕관 세 개를 배치한 로고를 사용하고 있다. 이 중 라틴어 문구는 DOMINVS ILLVMINA TIO MEA로, '주님은 나의 빛'을 뜻한다. 세 개의 왕관은 학문의 권위를 상징하며, 특히 영국 귀족의 대표적인 색깔인 남색, 금색, 흰색의 조합으로 이루어져 있다.

하나의 건물을 짓기까지 100년이 넘게 걸렸다는 사실을 우리는 어떻게 해석할 수 있을까? 한 세대가 30년이고 현재 사람의 평균 수명도 100년을 넘지 않는데, 중세 유럽의 길고 긴 시간관념을 우리는 어떻게 받아들여야 할까?

중세 유럽에서는 도시의 중심에 성당이 있었다. 하늘을 찌를 듯이 높이 솟아오른 어마어마한 크기의 대성당. 이러한 성당을 세우던 시기에 사람의 평균 수명이 40년 정도였음에도 사람들은 세대를 이어가며 100년이 넘는 시간을 성당건설에 바쳤다. 중세 유럽인들의 세계관은 과연 어떠했을까?

중세 유럽의 도시가 점차 확대되면서 사회의 경제력이 높아지는데 이렇게 도시가 성장하게 된 배경은 무엇이었을까? 사람들이 겪게 되는 도시 생활의 문제점은 없었을까? 이러한 의문을 따라가다보면 자연스레 중세 유럽인들의 생생한 이야기를 들을 수 있다.

제4장

중세 유럽인의
도시와 교회

01

자유와 활력의 상징인 도시, 그러나 쓰레기가 많았다?

'부르주아(bourgeois)'라는 말이 있다. 디드로가 편찬한 『백과전서』에 따르면, 부르주아는 '대개 도시에 거주하는 사람'을 뜻하며, 일반적으로 노동자와 귀족 사이에 위치한 중산층을 가리킨다. '부르주아'라는 말은 프랑스어로 '성(城)'을 뜻하는 부르(bourg)에서 비롯됐다. 독일, 오스트리아 등에 있는 아우크스부르크, 잘츠부르크 등 '부르크'라는 말도 이 단어에서 온 말이다. 도시에 거주하는 사람이라는 말이 왜 '성'과 연관이 있는지 다음의 도시 모습을 통해 살펴볼 수 있다.

14세기 중세 유럽에서 볼 수 있는 도시의 모습은 어땠을까?

14세기 독일 북서부의 도시 오스나브뤼크(Osnabrück)에는 많은 상인과 장인이 시장에 가게를 차려놓고 사람들을 기다리고 있었다. 집은 비좁고 침침했기에 도시의 일상은 대부분 길거리에서 이루어졌다. 주부들은 분수대에서 잡담을 나누고 아이들은 공터와 뒷골목을 놀이터로 삼아 뛰놀았다. 이 도시에는 스무 곳이 넘는 옷감 파는 직물 상점 외에도 음식을 파는 가게들 역시 상당수에 달했다. 버터 가게, 치즈 가게, 계란 가게, 식초 가게, 과일 가게, 생선 가게, 향신료 가게 등등. 그 밖에 실, 금, 깃털, 짐승 가죽, 석탄, 유리, 양초 등을 파는 상인들도 가게를 차리고 물건을 팔았다. 그뿐이 아니었다. 시장 곳곳에는 대야나 통 같은 도구에 물건을 넣고 돌아다니며 판매하는 상인들도 있었다. 이들 행상은 조선 시대의 보부상과 비슷했다.

상인들이 한곳에 정착하여 도시를 만들게 된 시기는 11세기~12세기였다. 활력이 넘치는 도시는 유럽 어디에 또 있었을까? 과거 로마 시대에는 그리 중요하지 않았던 프랑스의 파리, 영국의 런던, 독일의 쾰른 등이다. 1100년에서 1200년 사이에 인구가 두 배로 늘어났고 그다음 세기에 또다시 곱절로 껑충 뛰었다. 한 세기에 인구가 배로 늘어나는 경우는 상당히 이례적이다. 이러한 엄청난 인구 증가가 도시를 중심으로 일어나고 있었다. 물론 당시 유럽에서 최대 규모를 자랑하는 도시는 대부분 이탈리아에 있었다. 베네치아, 밀라노, 제노바 등이 그중에서도 으뜸이었는데, 13세기 각 도시의 인구가 10만 명에 이르렀다.

도시가 성장할 수 있었던 이유

중세 유럽에서 도시가 성장하고 자유와 활력이 차고 넘치게 된 배경은 무엇일까? 우선 유럽에서 발전한 원거리 무역을 들 수 있다. 유럽을 가로지르고, 북유럽을 묶고, 아시아 등 다른 지역까지 이어질 수 있게 한 원거리 무역은 중간 중간에 무역의 거점이 되는 도시가 있었기에 가능했다. 베네치아와 같은 이탈리아 도시들이 무역로의 길목에 위치해 최대 규모로 성장할 수 있었다. 당시 동쪽 방향에서 온 아시아의 향신료, 중국의 도자기도 이러한 도시를 거쳐 유럽으로 들어왔다.

다음으로 무역에 종사하는 행상들은 자신을 지키기 위한 보호 수단을 마련하고자 했는데, 이들이 모인 도시가 상인의 활동을 보장하기에 적절했다. 상인들은 기사의 영토를 지나갈 때 통행세를 내야 했다. 돈을 내야 기사는 상인들이 습격을 받지 않도록 안전을 보장해주었다. 상인들은 짐마차의 바퀴가 고장나면 기사가 오기 전에 재빨리 수리해야만 했다. 자신의 영주와 결투를 벌인 적이 있는 영주의 땅을 지나가는 상인이라면 더욱 위험했다. 최악의 경우 물건을 모두 빼앗길 수 있었다. 상인들은 폭력을 써서 남의 물건과 재산을 빼앗으려는 자들로부터 자신의 거주지를 스스로 지켰다. 그러기 위해 거주지 주변에 성벽을 둘러쌓았고, 성벽에는 여러 개의 문을 만들어 사람들이 들고나는 것을 파악하기 위해 파수꾼을 두었다. 밤이 되면 문을 닫았고 파수꾼은 주민들이 교대로 맡는 등 도시 방위를 철저히 했다. 이렇게 해서 도시 주변에는 성벽이 만들어졌다.

행상들은 자신을 지키는 동시에 상품을 판매할 시장을 열어야 했다. 이를 위해 점차 한곳에 모이게 됐고, 그러면서 도시가 성장해갔다. 무리를 지어 여러 지역을 돌아다니며 장사하던 이들은 점차 주요 교통로인 강변에 있는 영주의 성 근처에 머물렀다. 영주는 각종 물건을 필요로 했던 상인들의 단골손님이었다. 이처럼 도시는 주변에 수공업자들이 만든 제품을 제공하는 시장의 기능을 갖춰 근처의 농촌과 연결됐다. 주변의 농촌에서 더 나은 생활을 찾아 농노와 농민들이 도시로 몰려들었다. 농촌에서 도망쳐 도시로 들어간 농노는 1년 1일을 거주하면 자유를 누릴 수 있었다. '1년 1일'은 중세 시대 유럽에서 상당히 긴 시간을 대표하는 기간이어서 도시에 거주한 지 1년 1일 후에 자유를 얻는다

- **프랑스 남부 도시 카르카손**
  카르카손은 중세 시대의 성곽이 잘 보존되어 있어 관광지로도 유명한다. 이 도시는 보드게임 '카르카손' 의 소재로 사용되기도 했다.

는 사실은 관습법에 해당했다. 실제 독일에서는 이를 조례로 명 시하는 경우도 있어 '도시의 공기가 사람을 자유롭게 한다'라는 말이 나오게 됐다. 농노들은 값싼 노동력을 제공했기에 도시는 이들을 반겼다.

중세 도시는 쓰레기 천지?

사람들이 모여들면서 형성된 중세 도시는 위생적으로 깨끗했을까? 성벽으로 둘러싸인 도시 안에 많은 사람이 모여 살게 되면서 위생 문제가 발생했다. 좁은 골목길을 따라 늘어선 집들의 내부는 대부분 어둡고 축축했다. 나무와 석탄을 이용하여 난방을 하니 공기가 심하게 오염되기도 했다. 사람들은 도시에서도 농촌에서 생활하는 것처럼 집 옆에서 텃밭을 가꾸거나 소와 돼지를 키웠다. 주요 도시의 큰길을 따라 걷다 보면 길을 가로지르는 양 떼와 거위 떼를 만나는 일이 흔했다. 도시 곳곳에서는 동물과 사람의 배설물 악취가 진동했다. 배수구와 하수구는 모두 밖으로 드러나 있었고 도로는 대부분 포장되지 않았다. 도시 사람들은 비만 내리면 늪 같은 웅덩이로 변하는 길을 잘 헤치고 다녀야 했다.

특히 위생상 문제가 되는 점은 하수 처리였다. 파리를 예로 들면 하수는 대부분 센강으로 흘러들어갔다. 사람들은 길거리에 쓰레기를 내다 버렸고 개와 돼지들이 그 안에서 음식 찌꺼기를 찾아 헤매는 일이 흔한 풍경이었다. 푸주한들이 가축을 도축하는 과정에서 생긴 피를 그대로 하수로 흘려보내거나 염색공들이 염색통에서 나오는 더러운 물을 그냥 버렸다. 생선 가게 주인 역시 그날 팔리지 않은 생선을 길거리에 버리는 경우가 많았다. 사람의 배설물도 길에 내다 버렸다. 누군가 생각 없이 위층 창문에서 요강을 비우다가 한번은 서프랑크의 왕인 루이 4세가 오물을 뒤집어쓴 적도 있었다.

쓰레기를 치우는 사람들은 오물을 피하기 위해 나막신을 신고 일을 했으며 거리에서 돌아다니며 쓰레기를 헤집는 돼지들과 씨름을 해야 했다. 어떤 도시에서는 일요일에 돼지를 풀어놓는 사람들에게 벌금을 물리기까지 했다.

이러한 위생 문제를 해결하고 더러운 물이 식수가 되는 것을 막기 위해 하수구를 만들어야 했고 각종 법규를 제정해야 했다.

• **나막신을 신고 청소하는 사람**
굽이 높은 신발을 신어 거리의 진흙이
나 오물을 피할 수 있었다.

런던에서는 공기의 질을 나아지게 하려고 석탄 사용을 금지하고
이를 어길 때는 벌금을 물리기도 했다.

도시 위로 우뚝 솟은 대성당

13세기에 들어서면서 유럽의 도시들은 황금기에 접어들었다.
길거리 모양도 변하고 포장도로가 등장하기 시작했다. 초가집들
사이에서 기와지붕에 유리 창문을 단 집들이 하나둘씩 나타났
다. 도시가 점점 부유해지면서 시장이 서는 중앙 광장을 중심으
로 부자들의 대저택이 들어섰다. 법원도 생기고, 상인들이 사업
을 하는 장소도 생기고, 화폐를 찍어내는 화폐 주조소도 생겼다.
그중 도시에서 단연 돋보이는 건물은 고딕 양식으로 세워진 대
성당이었다.

하늘로 솟아오른 뾰족탑과 화려한 외벽 등으로 꾸며진 샤르트
르 대성당, 노트르담 대성당 등은 주변의 풍경을 압도했다. 이러
한 건축물을 두고 르네상스 시대 예술가들은 게르만족인 고트족
이 만들었다는 의미로 비웃으며 '고트족의'를 뜻하는 '고딕'이라
는 말을 사용했다. 거대한 성당 하나를 짓는 데 보통 100년도 넘
게 걸렸으며 각계각층의 노력이 함께 모여야 완성될 수 있었다.
부자들은 성금을 많이 내고, 숙련된 장인들은 기술력을 발휘하

· 샤르트르 대성당
이 건물은 프랑스 샤르트르에 위치해 있다. 고딕 양식으로 지은 대표적인 성당이다.

고, 농부들은 노동력을 제공했다. 노트르담 대성당의 경우 당시
이러한 열풍이 대단해서 기부할 여유가 없는 사람들조차 힘들게
벌어 모은 푼돈을 냈다고 한다.

02

대학이 처음으로 등장하다

중세 유럽에서 문자 교육은 어떻게 이루어졌을까? 성직자들은 교회법에 따라 의무적으로 읽기 능력을 키우고 라틴어 지식을 익혀야 했다. 그러다 보니 수도원이 문자를 가르치는 중심지가 되었다. 당시에 사용된 언어는 라틴어였고, 라틴어를 읽을 수 있는 사람만이 학식을 갖춘 사람으로 대접받았다. 하지만 읽기와 쓰기를 동시에 가르친 것은 아니었다. 기술적인 손놀림이 요구되는 쓰기의 경우 수많은 연습이 되풀이되어야 가능했다. 읽기는 대부분 라틴어 찬송가로 익혔기에 읽기 능력은 학식 높은 성직자들이 갖추어야 할 기본 능력에 해당했다. 12세기까지는 문

제4장 중세 유럽인의 도시와 교회

자를 큰소리로 읽으면서 문자의 의미를 되새기는 일이 일상이었다. 읽을 문자의 분량이 늘어나 읽기 속도를 높여야 할 필요성이 제기되면서 비로소 사람들은 문자를 조용히 읽기 시작했다.

중세 사람들 가운데 읽기 능력을 갖춘 이는 어디까지나 일부에 그쳤다. 13세기경 하르트만 폰 아우에라는 시인은 자신이 글을 읽을 줄 안다는 사실을 무척 자랑스럽게 여겼다. 반면에 볼프람 폰 에셴바흐라는 시인은 자기가 철자를 하나도 알지 못한다고 강조하기도 했다.

12세기에 이르러 수도원 외에 교육 기관이 여럿 생겼다. 교회에 속한 학교인 성당 학교('cathedral school', 이를 '스콜라'라 했다)들이 그것인데 여기서는 기도문을 읽어야 할 성직자를 가르칠 뿐 아니라 정부에서 일하는 관료들도 교육했다.

성당 학교에 다니는 학생들 대부분은 성직자 지망생이었다. 법률가나 관리가 되려는 사람들도 먼저 교회에서 성직자가 되는 편이 유리했다. 하지만 시간이 흐르면서 성직에 남을 생각이 없는 학생들의 수가 늘어났다. 문자를 읽고 쓰는 능력이 지위의 상징이 되면서 문자 해독 능력을 갖추기 위해 입학하는 사람이 많아졌던 것이다. 서기나 상인을 희망하는 사람들도 성공을 위해 문자를 알아야 했다. 날이 갈수록 복잡해지는 세상에서 문자를 사용하지 않고 행정 업무를 처리하고 상업 활동을 하는 것은 불가능했다. 통치권을 발휘할 때도 말만으로 해결되지 않았다. 문자를 읽고 쓸 줄 아는 능력이 중요해지면서 교회가 아닌 일반인이 운영하는 학교가 급속도로 늘어났고, 일반인이 운영하는 학교는 교회의 통제를 벗어나게 됐다.

학교가 늘어나고 교육받는 사람들이 많아지면서 일반인의 문자 해독률이 크게 증가했다. 1340년에 이르러 피렌체 인구의 40퍼센트 정도가 글을 읽을 수 있었다. 15세기 말에는 잉글랜드 전체 인구의 40퍼센트가량이 문자를 해독할 수 있었다고 한다. 11세기경 서유럽에서 문자를 아는 사람이 성직자뿐이었고 그들의 수가 전체의 1퍼센트 미만이었다는 사실과 비교하면 40퍼센트라는 숫자는 엄청난 변화임을 알 수 있다.

대학이 처음으로 들어서다

교육열이 높아지면서 대학이 처음으로 등장했다. 각 도시가 전문적인 특성을 갖게 된 시기와 맞물렸고, 이때 도시 중에는 대학을 육성하여 부를 축적한 도시도 있었다. 대표적으로 이탈리아의 볼로냐와 프랑스의 파리를 들 수 있다. 이탈리아에서는 11세기~12세기경 대학이 나타났다. 대학은 의학, 법학 등 교회

• **중세 대학의 강의 장면**
법학으로 유명한 중세 볼로냐 대학의 강의 장면이다. 1350년경에 그려진 그림으로 추정된다.

가 주도하는 학교에서 배울 수 없는 전문 분야의 학문을 가르쳤다. 이탈리아에는 법학을 전문적으로 가르치는 볼로냐 대학, 의학을 가르치는 살레르노 대학이 있었다. 이탈리아 외에 알프스이북 지역에서 명성이 가장 높은 대학은 파리 대학이었다.

파리 대학이 유명해진 배경은 무엇일까? 우선 12세기경 프랑스에 강력한 왕권을 바탕으로 평화롭고 안정적인 사회 분위기가 만들어졌다. 게다가 12세기 파리의 성당 학교가 피에르 아벨라르를 교사로 확보하여 유명해질 수 있었다. 아벨라르는 얼마나 인기가 있었을까? 다소 과장된 내용이 포함됐다고 볼 수 있으나 당시 널리 퍼졌던 이야기는 다음과 같다. 아벨라르의 강의는 정말 유명해 학생들이 구름같이 모여들었다고 한다. 하지만 그가 제시한 신학의 주장이 문제가 되어 이단으로 의심받자 당국에서는 프랑스 '땅'에서 강의하는 것을 금지했다. 이에 아벨라르는 나무 위로 올라가 강의했는데, 학생들은 그 나무 아래로 모여들어 강의를 들었다고 한다. 프랑스 '하늘'에서 강의하는 일도 금지하자 강에 배를 띄워 그 위에서 강의를 했고 학생들은 다시 강둑으로 모여들었다고 한다.

이처럼 아벨라르의 명성으로 학생들이 많이 몰려들게 되자 다른 교사들도 파리에 머물게 됐고 파리의 성당 학교는 한층 수준 높은 강의가 이어질 수 있었다. 1200년에 이르러 파리의 성당 학교는 자유 학과와 신학을 전문적으로 다루는 대학으로 발전했다.

아벨라르에 얽힌 또 다른 이야기

당대 최고의 학자였던 아벨라르가 강의로만 유명했을까? 대다수 서양 사람들은 그를 사랑을 위해 목숨을 바친 순애보의 주인공으로 기억한다. 바로 아벨라르와 엘로이즈의 이야기이다. 아벨라르는 39세에 파리의 한 수도회 수사인 퓔베르의 소개를 받

• **14세기 필사본에 그려진 아벨라르와 엘로이즈**
두 사람은 직접 만나지는 못했지만
수사와 수녀의 모습으로 만난 것으
로 묘사됐다.

아 가정교사를 하게 됐다. 이때 학생인 엘로이즈에게 첫눈에 반해 열렬한 사랑에 빠졌다. 미모가 뛰어난 엘로이즈는 당시 17세였으며 퓔베르의 조카딸이었다. 아벨라르가 엘로이즈에게 사랑에 빠지게 된 것은 미모 때문만은 아니었다. "학문적인 재능이 있는 여성이 드물었기에 그런 재능은 그녀의 매력을 한층 더 돋보이게 만들었고 그 지역에서 그녀의 명성이 널리 퍼지게 했다네"라는 말처럼 엘로이즈는 당시에 드물게 교육을 받은 학식 있는 여성이었다.

금욕과 절제의 덕목이 중요했고 신의 권위가 개인을 누르던 중세 유럽에서 스승과 제자 간에 스무 살 이상의 나이 차이를 넘어선 사랑은 크게 문제가 됐다. 두 사람의 육체적 사랑으로 엘로이즈가 임신하고 출산하게 되자 아벨라르는 친구였던 퓔베르를 찾아가 그녀와 결혼을 하겠다고 말하면서도 그 사실을 비밀로 부쳐달라고 했다. 성직자는 결혼할 수 없다는 규정이 아직 만들어지기 전이긴 하지만, 성직자가 아내를 두는 일은 약점으로 간주되었다. 한편 엘로이즈는 자신이 사랑하는 사람의 앞길에 걸림돌이 된다고 생각하여 결혼을 완강히 거부했다.

결국 두 사람은 비밀리에 결혼을 한 후 이를 감추려 서로 떨어져 살았다. 결혼한 사실이 알려지기 시작할 무렵에는 아벨라르는 엘로이즈를 그녀가 어렸을 때 공부했던 아르장퇴유 수녀원으로 보냈다. 이 사실을 알게 된 퓔베르는 아벨라르가 그녀를 버렸다고 확신하고 배신감에 분노했다. 퓔베르는 아벨라르의 처벌을 주도하면서 가장 잔인한 복수를 실행에 옮겼다. 아벨라르의 하인을 매수한 퓔베르는 그의 집에 몰래 숨어 들어가 자신의 가문에게 불명예를 안겨준 대가로 그를 거세했다. 그 후 아벨라르는 세상의 차가운 시선과 모멸감으로 실의에 빠졌다가 생 드니 수도원의 수사가 됐다. 그곳에서 아벨라르는 자신의 이야기를 담아『나의 불행 이야기』라는 고백서를 썼다. 아벨라르가 수사가 된 그날 엘로이즈도 아르장퇴유 수도원에서 수녀가 됐다. 두 사람은 서로

- **아벨라르와 엘로이즈의 무덤**
  아벨라르와 엘로이즈 조각상이 무덤에 누워 있는 모습으로 표현되어 있다.

에게 가지 못하고 113통의 애절한 편지만 주고받았다.

나이가 많은 아벨라르가 세상을 등지자 엘로이즈는 그의 시신을 매장하고 무덤 곁을 지켰다. 무덤을 지킨 지 20여 년이 된 시점에 엘로이즈도 생을 마감했다. 아벨라르 곁에 묻어달라는 유언에 따라 사람들이 합장을 위해 아벨라르의 무덤을 열자 죽은 아벨라르의 유골이 두 팔을 벌려 엘로이즈를 맞이했다고 한다.

아벨라르가 남긴 책과 두 사람이 주고받은 편지 덕에 세세한 내용이 알려졌고 중세 이후 수많은 문학과 회화 작품의 소재가 됐다. 장 자크 루소도 두 사람이 주고받은 편지를 바탕으로 『신 엘로이즈』라는 소설을 써 1761년에 발표했다. 루이제 린저는 1991년에 나온 소설 『아벨라르의 사랑』에서 두 사람의 용서받지 못한 사랑의 결실인 아들의 존재를 다루기도 했다. 이 소설은 아들이 아버지에게서 느끼는 애증을 담은 이야기이다. 두 사람의 무덤은 여러 번 옮겨지다가 1817년에 현재 프랑스 파리에 있는 페르 라셰즈(Père Lachaise) 공원묘지에 자리 잡게 됐으며, 지금도 연인들의 순례 장소가 되고 있다.

대학이 조직을 갖추다

'대학'에 해당하는 영어 단어인 '유니버시티(university)'라는 말은 어디서 왔을까? 원래 '하나'라는 뜻의 우누스(unus)에 '합쳐졌다'라는 뜻의 베르수스(versus)를 더한 말로 '하나로 합쳐진 것'이라는 의미를 담고 있다. 여기서 '수많은 사람이 모여 있는 공동체, 집단, 조합'을 뜻하는 말로 확장됐다. 이처럼 대학은 원래 조합이나 길드를 의미했다. 실제 중세 유럽의 대학은 교사나 학생이 자신의 이익과 권리를 보호하려고 만든 교사 조합이거나 학생 조합이었다. 그러다가 점차 자유 학과의 전문 학부와 법학·의학·신학의 전공 분야 중 하나 이상의 학부를 갖춘 교육 기관을 뜻하게 됐다. 1200년경 이전에 볼로냐 대학과 파리 대학이 세워졌고, 13세기에 옥스퍼드 대학, 케임브리지 대학 등이 설립됐다.

중세 유럽의 모든 대학은 두 가지 모델 중 하나를 선택했다. 이탈리아, 에스파냐 등지에 세운 대학은 대체로 볼로냐 대학을 기준으로 삼았다. 이곳에서는 학생이 조합을 만들었다. 학생 조합이 교사를 채용하고 봉급을 주었으며, 직무에 게을리하거나 강의 만족도가 떨어지는 교사를 해고하거나 벌금형에 처했다. 북유럽의 대학들은 파리 대학을 모델로 삼았다. 파리 대학은 학생 조합이 아닌 교사 조합이었고, 여기에는 4개 학부, 즉 문학·신학·법학·의학 학부가 있어 각 학부를 학장이 관리했다. 파리 대학 내에 독립된 기숙사를 뜻하는 '칼리지(college)'가 설치됐다. 칼리지는 본래 가난한 학생들에게 제공된 기숙사였지만, 나중에는 주거지뿐 아니라 교육 시설로 사용됐다.

중세의 대학생은 어떻게 생활했을까?

중세 시대 대학에는 누가 입학했을까? 중세의 대학 입학은 남성에게만 허용됐다. 사실 여성의 대학 입학은 19세기까지도 쉽지 않았다. 프랑스에서는 1861년부터, 영국에서는 1878년부터, 그리고 이탈리아에서는 1885년부터 여성들이 대학에 입학할 수 있었다. 독일에서는 1900년이 되어서도 여전히 여성에게 대학 입학을 허락하지 않았다. 심지어 에를랑겐 대학에서는 1898년 여성의 대학 입학이 '모든 학문 질서를 무너뜨릴 것'이라고 우려할 정도였다.

중세 시대 학생들은 대학에서 어떤 과목을 익히고 어떤 자격증을 받았을까? 우선 입학하면 약 4년간 자유 학과의 라틴어 문법과 수사학의 과정을 마치고 논리학을 완전히 익혀야 했다. 시험에 통과하면 문학 학사 학위를 받았다. 오늘날 대학을 졸업하면 인문 계열의 학과에서 주는 학위 명칭에 '문학사(Bachelor of Arts)' '문학 학사(Master of Arts)' 등 '문학'이라는 용어가 들어가는 기원이 됐다. 전문가의 지위를 확보하려면 몇 년 더 공부하여 문학 석사나 박사 학위를 받아야 했다. 문학 석사 과정은 아리스토텔레스의 저술 등을 읽고 비평문을 써서 받을 수 있었다.

학생들의 대학 생활 모습은 어떠했을까? 당시 대학에서 공부를 시작하는 나이는 보통 12~15세 정도로 대부분 미성년자에 해당했다. 학생들은 대학이 인근 주민들과는 다른 독립된 공동체를 이룬다고 생각했다. 주민은 학생으로부터 경제적 이득을 얻으려 했고 학생들은 이러한 주민과 다툼을 벌이면서 난폭한 행동을 보이기도 했다.

하지만 공부만큼은 매우 철저했다. 당시 책값이 너무 비싸 학생들은 엄청난 분량의 내용을 통째로 외우면서 공부를 했다. 또 학생들은 공개적으로 토론할 수 있는 기술을 익히기 위해 부단히 노력했다. 그런데 당시 학생들이 공부하던 책을 만드는 과정이 어떠했기에 그리 비쌌을까?

로마제국이 무너진 뒤 유럽에서 책을 만들고 판매하는 일은 거의 중단됐다. 가톨릭의 수사와 수녀들의 헌신으로 겨우 일부 책을 베껴 편찬할 수 있었다. 수도원에는 수사들이 책을 쓰기 위해 마련된 작은 방에서 양피지(양의 가죽을 얇게 펴서 약품 처리를 한 후에 표백하여 말린 재료) 위에 손으로 글을 베껴 썼다. 책 한 권을 만들기 위해 수십 마리에서 수백 마리의 양이 필요했다고 한다. 또 수사들은 수도원과 관련한 업무를 하면서 글을 베껴 쓰는 일을 하니 책 한 권을 다 쓰는 데 꼬박 1년이 걸리기도 했다. 따라서 책값이 엄청나게 비쌀 수밖에 없었다. 나중에는 전문적으로 글을 베껴 쓰는 사람과 별도의 전용실까지 마련하여 좀 더 효율적인 방식으로 책을 편찬했다. 이러한 방식은 15세기 중엽까지 계속되었고 그에 따라 일부 계층이 지식을 독점할 수 있었다. 이후로는 예전에 상상도 못했던 발명품인 인쇄기로 책을 훨씬 빠르고 값싸게 찍어냈다.

03

뭉쳐야 산다, 길드의 탄생

아래에 중세 유럽에서 사용된 3개의 마크가 있다.

각각 어떤 집단을 나타내고 있을까? 유럽에서는 각 직종에 따라 자신이 속한 단체를 마크로 표시하는 경우가 많았다. 위의 그

림은 왼쪽부터 독일의 한 도시에서 빵을 만드는 제빵사, 옷을 만드는 재단사, 술을 빚는 양조업자를 표시한 마크이다.

도시에 모여든 사람들은 처음에 닥치는 대로 일을 했다. 여자들은 대부분 집안일을 했고, 남자들은 대부분 일용 노동자로 불안정한 생활을 유지해나갔다. 하지만 운이 좋거나 부지런한 소수의 사람들은 특정 분야에서 일정 기간의 훈련을 거쳐 기술을 익힌 다음 동업 조합인 길드에 들어갔다.

일정 기간의 훈련을 통해 기술을 익히는 과정은 어떠했을까? 우선 한 분야에서 4년 내지 12년이나 되는 기나긴 도제(徒弟, apprentice) 기간을 거쳤다. 일을 다 배울 때까지 도제로 일해야 했다. 도제로 일하는 기간은 길드에서 결정했다. 도제는 수습 기간을 모두 마치면 장인(匠人, master)으로서 길드의 구성원이 될 자격을 부여해줄 졸업 작품인 마스터피스(masterpiece)를 만들어야 했다. 경우에 따라서는 도제가 자신의 가게를 열어 다른 도제를 거느리기 전에 몇 년 더 보수를 받는 직인(職人, journeyman)으로 일하기도 했다. 여기서 직인이라는 영어 단어는 도제 수업을 마친 뒤 장인의 작업장에서 날마다 지급받는 보수인 저니(journee)에서 나온 단어이다. 결국 수공업자들은 동업 조합 내에서 충분한 자격을 인정받아 장인이 되면 전문적인 지위를 갖고 독립할 수 있었다.

이러한 수공업자들의 직업이 유럽에서 사람들에게 어떤 영향을 미쳤을까? 13세기경 영국에서 가장 흔한 성(姓)이 스미스(Smith)였다. 경제학자인 애덤 스미스, 영화배우 윌 스미스 등에서 보듯이, '스미스'라는 성은 외국 이름에서 자주 볼 수 있다. 스미스는 대장장이를 뜻하므로 각지에 많은 대장장이가 있었다는 사실을 알 수 있다. 그 외에 테일러(Tailor)는 재단사, 스키너(Skinner)는 모피 상인, 베이커(Baker)는 제빵사, 카펜터(Carpenter)는 목수 등 중세의 직업군과 관련되어 있다.

길드가 구성원들의 이익을 보호하다

동업 조합인 길드는 구성원들이 물건을 생산하는 과정에서 어떤 역할을 담당했을까? 길드는 하나의 직업 조직으로 발전하면서 구성원의 권익을 보호하는 동시에 이익 활동을 감독했다. 우선 길드는 일하는 시간을 통제했다. 일하는 시간은 해가 뜰 때 시작하여 땅거미가 질 때 끝났다. 촛불을 켜고 일하면 제품의 질이 떨어진다고 보아 해가 진 다음에는 일하지 못하게 했다. 또 해당 직종에 종사하는 사람들의 수와 생산량을 제한하여 생산물의 공급이 수요를 넘어서지 못하도록 했다. 가격 할인을 막았으며 모든 형태의 경쟁을 제한했다. 한편 구성원들이 병이 들거나 늙어서 세금을 내기 어려울 때 대신 재정을 부담하기도 하고, 그들이 죽었을 때 장례식을 치르는 비용을 대고 유가족을 돌보기도 했다.

길드는 구성원들의 이익을 보호하고 복지를 향상시키는 데 효과적인 틀이었다. 그래서 12세기 이후 중세 유럽에서는 종을 치고, 길을 수리하고, 양초를 만들고, 천을 짜는 일에 이르기까지 모든 일을 할 때 길드를 조직했다. 심지어 도둑과 거지들도 모임을 만들었고, 파리에서는 창녀들의 조직까지 생겼다. 길드는 소속 없이 자유로이 경쟁하는 사람들의 위협으로부터 모임에 속한 사람들을 보호해주었다.

상인 길드와 장인 길드로 나뉘다

처음에는 도시에 수공업자와 상인 모두를 구성원으로 하는 하나의 길드만 있었다. 그러나 시간이 지나면서 이 두 집단은 나뉘어갔다. 상인은 수공업자의 물건으로 유통시키면서 수공업자에 비해 훨씬 많은 돈을 벌어 더 부유했다. 이에 상인과 수공업자는 이익을 두고 자주 부딪혔다. 상인들은 도시로 다양한 상품을 들여와 비싼 값을 매겨 많은 돈을 벌고자 했던 반면, 그 상품을 사용하는 위치에 있던 수공업자들은 가격이 보다 싸기를 원했다. 이러한 입장 차이로 수공업자들은 점차 기존의 길드에서 벗어나 자신들끼리 길드를 조직했다. 그리하여 원래의 길드는 상인 길드가 되고 새롭게 수공업자 길드가 탄생했다. 12세기 말 도시 대부분에서 수공업자 길드를 찾아볼 수 있었다. 여러 공정으로 이루어지는 산업의 경우에는 각 작업 단계마다 길드가 별도로 구성됐다. 예컨대, 옷감을 만드는 직물 산업에서는 실을 뽑아내는 방적공 길드와 옷감을 짜는 방직공 길드, 옷감에 물을 들이는 염색공 길드가 따로 구성되어 있었다. 대개 같은 길드의 구성원은 근처에 모여 살았다.

도시가 특허장을 얻어 자치권을 획득하다

중세의 지배층인 귀족과 교회의 주교들은 장원과 수도원에서 권한을 행사했던 것처럼 도시에서도 권한을 행사하려 했다. 도시에서 생활 영역을 마련했던 시민들은 이에 맞서 더 높은 권위를 가진 국왕에게 도움을 청했다. 각 도시는 많은 돈을 왕에게 주고 왕으로부터 특허장과 인장을 받았다. 왕에게는 이러한 제안이 상당히 매력적으로 다가왔다. 대표적인 사례로는 12세기 브리스톨이라는 이름의 도시가 영국 국왕으로부터 받은 특허장을 들 수 있다.

헨리는 다음 사항을 알린다.
나는 브리스톨 시민들에게 잉글랜드, 노르망디, 웨일즈의 전역에 걸쳐 그들 자신과 그들이 상품을 가지고 여행할 때 언제 어디서 든 거래세, 통행세, 관세를 면제해주도록 승인했다. ……또한 나는 이 특허장의 명령을 어기고 그들을 방해하는 자에게는 10파운 드의 벌금을 물릴 것이다.

이처럼 국왕은 상인들에게 세금을 면제해주는 대신 많은 돈을 확보하고 동시에 국왕권을 강화하려 했다.

시몽 드 몽포르, 영국 의회를 열다

특허장을 얻어 독립을 확보한 도시는 지역 운영을 위해 어떤 행정 체계가 마련했을까? 사람들이 모여 사는 일정 규모 이상의 지역에는 행정을 담당할 기구가 필요했다. 도시에서는 길드에서 아이디어를 얻어 시의원을 뽑아 통치 위원회가 만들어졌다. 시의 회는 임기를 무제한으로 하고 소수의 부유한 상인 가문에서 나온 엘리트 집단이 담당하는 경우가 많았다. 시의회의 행정이 운영될 때, 이러한 행정 시스템에 익숙하지 않은 국왕의 시기와 분노를 사서 대립과 충돌이 벌어지기도 했는데, 대표적인 경우가 영국에서 시몽 드 몽포르와 헨리 3세 사이에 벌어진 사건이었다.

영국 국왕인 헨리 3세(재위: 1216~1272)는 대헌장(1215)을 받아들였던 존 왕(재위: 1199~1216)의 아들로 인정 많고 교양이 풍부한 왕이었다. 그러나 자치권을 가진 런던의 행정 시스템에 몹시 분개하고 있었다. 왕은 '어릿광대 같은 런던 사람들'을 벌주기로 작정하고 대헌장을 무시한 채 각종 세금을 매겼다. 당시 대헌장을 무시한 처사는 귀족들의 반발을 불러일으켰다. '마그나 카르타'라고도 하는 대헌장은 바로 이전 왕인 존 왕이 귀족들의 강요로 1215년에 서명한 문서이다. 대헌장은 왕이 몇 가지 권리를 포기하고 법적 절차를 존중하여 왕의 뜻이 법으로 제한될 수 있다는 내용을 명시했다.

1258년 시의회가 왕이 부과한 세금을 불법이라고 항의하자 왕은 이를 핑계로 시장과 시의원 다섯 명을 함께 해임시켰다. 이에 반발하는 분위기가 확산되더니 급기야 왕의 처남인 시몽 드 몽포르가 직접 반대 세력을 이끌면서 사태는 걷잡을 수 없게 됐다. 당시 헨리 3세는 빚이 크게 불어나 재정 위기를 맞자, 귀족의 요구를 들어줄 수밖에 없었다. 시몽 드 몽포르를 비롯한 잉글랜드의 귀족들은 왕에게 압력을 넣어 대헌장을 구체적으로 밝힌 개혁안에 동의하게 했다. 하지만 왕은 재정 위기를 넘기자 1261년 또다시 약속을 어기고 탄압했다. 이에 1263년 몽포르는 반란을 주도했고 당시 부유한 직물상 출신의 런던 시장도 그를 지지하고 나섰다. 처음에 몽포르가 승리하여 1265년 왕을 포로로 잡았고 귀족·성직자·기사·시민 계급으로 이루어진 의회를 열었는데, 이 의회가 영국 하원의 기원이 됐다.

하지만 몽포르는 곧 반격에 나선 왕의 아들 에드워드(후에 에드워드 1세)에게 패하여 죽임을 당했다. 에드워드의 명령에 따라 전쟁터에서 시신이 찢기는 참사를 겪었다. 진압에 성공한 헨리 3세는 반역에 가담한 런던 시민들의 땅을 몰수하기도 했으나, 제대로 통치력을 발휘하지는 못하고 1272년 세상을 떠났다.

이처럼 13세기까지 유럽 전역에서 도시와 국가 간에는 자치를 획득하고 세력을 확장하려는 다양한 사회 집단 간에 다툼이 이어졌다. 그러면서도 계속해서 도시는 경제적으로 발전하고 인구는 끊임없이 증가했다.

04

황제권과 교황권의 갈등

카롤루스대제 사후 분열된 지역 중 동프랑크에서는 10세기 중반 오토 1세가 등장하여 마자르족과 슬라브족의 침입을 막아내고, 이탈리아의 내란을 진압하여 교황으로부터 또다시 서로마 황제의 관을 받았다. 이렇게 탄생한 국가가 독일 지역의 신성로마제국이었다. 오토 1세는 독일 지역을 더 이상 이민족의 침략에 희생되지 않도록 국가를 지켜냈고 왕국의 위신을 크게 높였다. 그후 100년이 넘는 기간 동안 여러 강력한 지배자들이 뒤를 이어 11세기까지 강력한 군주 국가의 지위를 유지했다.

독일 지역의 황제들은 교회와 손을 잡은 뒤로 통치를 위해 교회에 크게 의존했다. 황제의 주요 행정관은 교회의 책임자인 대주교와 주교였는데, 교황의 간섭 없이 임명했다. 그들은 황제의 가문 출신인 경우가 많았다. 독일 황제는 강력한 힘을 바탕으로 마음만 먹으면 이탈리아로 가서 교황을 임명할 수 있을 정도였다. 그러나 교회 안에서 일어난 일련의 개혁으로 군주권은 교회의 도전을 받았다.

수도원이 개혁을 주도하다

교회 안에서 전개된 개혁의 내용은 무엇일까? 10세기 이탈리아에서는 사실상 왕권이 없었고 교회의 주교는 토착 지방 세력을 감당하기 어려웠다. 교황 역시 지방 세력에 휘둘렸다. 사실 당시 교황은 무능하거나 타락한 인물로 지방 세력을 뒤에서 조종하여 로마시를 장악하려는 유력 가문의 아들이거나 하수인이었다. 그중 가장 타락한 사례가 교황 요하네스 12세였다. 그는 문맹에 지독히 음탕한 인물이었는데, 성행위를 하던 도중이었거나 혹은 다른 사람의 아내와 한 침대에 있다가 그 남편의 칼에 찔려 죽었다고 한다. 이처럼 교황들은 서유럽에서 정신적인 지도자로서 자격에 미치지 못했다. 개혁의 물꼬는 수도원에서 시작됐다.

910년 어느 경건한 귀족이 클뤼니 수도원을 설립하여 세속 권력을 배제하고 수도원을 교황 아래 두었다. 클뤼니 수도원의 수사들은 성실히 종교 생활과 기도를 하면서 교회의 개혁을 주도해나갔다. 특히 교회의 직책을 사고파는 문제를 지적하며 모든 성직자가 독신으로 생활할 것을 요구했다. 또한, 국왕이나 귀족 등이 주교, 수도원장, 사제를 임명하는 권한을 없애기를 희망했다. 여기서 성직 매매는 영어 단어로 '시모니(simony)'라고 한다. 예수의 제자 중 한 사람인 시몬이 『신약성서』에서 예수의 제자들로부터 성령의 권능을 돈으로 사려고 했던 일에서 유래한 단어이다.

수도원을 중심으로 개혁이 유럽 각지에서 진행된 결과 수도원 제도는 10세기, 11세기에 가톨릭의 정신적 모델이 됐다. 수도사들은 청렴하고 가난한 생활, 교황에게 복종하는 삶 등으로 '천사 같은 사람들'로 간주됐다. 수도원에는 성인의 유골이 모셔져 있었다. 성인의 유골을 병을 낫게 하는 신비한 힘을 지닌 도구로 믿었다. 이에 수도원은 일반 신자의 시선을 끌었다. 일반 신자들은 기적의 힘을 얻기 위해 수도원을 찾는 순례 여행을 떠났다. 장거리 순례 여행의 코스 중 하나로 유명했던 길이 바로 에스파냐의 산티아고 데 콤포스텔라로 향하는 길이었다. 이 장소는 에스파냐어로 '산티아고'라고 불렸으며 사도 야고보의 무덤이 있는 곳

- **산티아고로 가는 길**

  중세 시대에 신자들은 기적의 힘을 얻기 위해 산티아고로 순례 여행을 떠났다. 지금도 산티아고 순례길은 많은 여행자들에게 인기를 얻고 있다.

이었다. 그곳까지 안전하게 가기 위해 어떤 여행자들은 순례자 안내서를 가지고 갔는데, 이 책에는 순례자들이 보게 될 유명한 장소와 성소, 그곳 사람들에 대한 설명이 담겨 있었다. 순례 여행의 마지막 장소는 산티아고 대성당이었는데, 바로 그 성당의 제단 아래 성 야고보의 시신을 담은 대리석 관이 놓여 있었다. 순례

- **산티아고 대성당**

  산티아고 대성당은 아르마스 광장의 서쪽에 자리하고 있다. 성당 안에는 성구와 종교화 등이 다수 전시되어 있다.

자들은 성스러운 관을 만져본 뒤 야고보 성인의 상징인 조개껍데기를 사서 되돌아갔다.

서임권 투쟁이 벌어지다

11세기 독일(신성로마제국)의 하인리히 4세는 성년이 될 때까지 오랫동안 독일 제후들의 권력이 커져 왕권이 약해졌음을 한탄하고 있었다. 그는 주교들의 지지가 필요했으며, 자기가 원하는 사람을 선택하는 데 외국인인 교황이 간섭하는 것을 막고자 했다.

교회가 추진하는 성직 매매를 금지하는 개혁에 전혀 공감하지 못했다. 자신이 임명한 사제들이 결혼하여 편안하게 살고 있는데, 개혁의 이름으로 독신 생활을 강요하고 싶지 않았다. 이는 왕권을 회복하고 자신의 권한 아래 교회를 그대로 두려는 의도였다. 반면 교황 그레고리우스 7세는 자신이 교회를 정화하기 위해 신으로부터 선택받았다고 믿었다. 그는 성직 매매를 금지하고 성직자를 교황이 임명하여 왕의 통제권을 배제해야만 개혁이 이루어질 수 있다고 확신했다.

이 두 사람이 밀라노시의 주교 선출을 둘러싸고 서로 다른 후보를 지지하는 과정에서 충돌했다. 그레고리우스 7세는 로마에서 종교회의를 열어 어떤 주교나 수도원장도 세속 권력으로부터 임명될 수 없다는 법령을 발표했다. 또 '교황은 황제를 파문할 권리를 가진다. 어느 누구도 교황을 재판할 수 없다'라는 주장을 포함했다.

황제 하인리히는 교황이 그럴 자격이 없다고 선언했다. 하지만 교황은 황제를 파문함으로써 반격을 시도했다. 이 대담한 교황의 조치에 모두 놀랐다. 이전에 독일 황제들은 교황을 폐위시키거나 새로 임명한 적이 있었기 때문이다. 주변의 제후들은 강력한 왕의 통치를 꺼렸다. 하인리히의 힘이 너무 커져 제후들도

• **제목**
카노사에서 황제 하인리히 4세가
교황 그레고리우스 7세를 만나게
해달라고 간청하는 모습이다.

부담스러웠던 차에 반란의 구실이 생겨 기뻤다. 왕은 그의 지지
자들이 모두 자신을 저버린 것을 깨닫고, 어쩔 수 없이 제후들의
요구에 굴복했다.

1077년 교황이 회의에 참석하기 위해 카노사(Canossa)를 찾았
을 때 하인리히는 교황을 만나기 위해 알프스를 넘어 이곳을 찾
아왔다. 왕은 참회하는 사람답게 겸손한 자세를 갖춰 맨발로 나
타나 자신의 죄를 고백하고 사면을 애걸했다. 그레고리우스는
왕을 3일 동안 기다리게 했다가 왕의 부탁을 받아들였다. 이 사

건을 '카노사의 굴욕'이라고 부른다. 왕이 무릎 꿇어 용서를 청하고 교황이 이를 받아들여 교황이 승리한 것처럼 보였으나, 3년 뒤 다시 하인리히 4세가 반격을 시도했다. 그레고리우스를 찬탈자라고 비난하면서 다른 교황을 임명한 뒤 이탈리아를 공격하여 결국 로마를 점령했다. 교황과 황제의 서임권 투쟁은 그 후에도 계속됐고, 결국 보름스 협약(1122)을 통해 교황이 서임권을 차지했다.

중세 유럽에서 수도원은
기도만을 위한 장소였을까?

중세 유럽에서 수도사를 포함한 성직자들은 교회법에 따라 읽기 능력과 라틴어 지식을 익혀야 할 의무가 있었다. 이는 로마제국이 무너진 뒤 유럽에서 책을 출판하는 일이 거의 중단된 시기에 수도원이 문자의 중심지가 된 계기가 됐다.

당시 사용하던 문어(文語)는 라틴어였고, 라틴어를 읽고 쓸 수 있는 사람만 학식을 갖춘 사람으로 대접받았다. 이 시기에 읽기와 쓰기 학습이 동시에 이루어지지는 않았다. 쓰기 학습은 기술적인 손놀림이 필요해 사람들은 수도원 사무실에서 연습을 되풀이하면서 서법을 조금씩 익힐 수 있었다. 읽기 학습은 대부분 라틴어 찬송가집을 통해 이루어졌다.

이처럼 읽기와 쓰기 능력을 지닌 사람들 상당수가 성직자이다보니 수도원을 중심으로 옛 지식을 지켜가려는 노력을 기울였다. 수도원들은 도서관과 독서실을 짓고 내부를 다시 작은 공간으로 구분했다. 수사들은 이 작은 공간에서 글을 베껴 쓰면서 필사본을 만들어 중세 기록 문화의 명맥을 유지할 수 있었다.

처음에 양피지에 글을 썼기에 책값은 상당히 고가였지만 차츰 종이를 쉽게 구할 수 있게 되면서 비용은 보다 저렴해졌다. 한편 대학 등 학교 기관의 수가 급증하면서 읽을거리에 대한 수요도 큰 폭으로 늘어났다. 이제 수사들의 헌신적인 노력만으로는 늘어난 수요를 감당하기 어려웠다.

이에 14세기에 전문적으로 글을 베껴 쓰는 이들이 나타나 별도의 공간(스크립토리움)에서 효율적으로 책이 만들어졌다. 이렇게 만들어진 책은 서적 상인들을 통해 판매됐다.

독자들이 주로 찾은 책으로는 성경이나 전례서 외에도 단테의 『신곡』, 보카치오와 초서의 작품과 같이 동시대 작가의 작품들이 있었다. 점점 독자의 수요가 많아져 기존의 글을 베껴 쓰는 작업으로는 감당하기 어려웠다. 보다 빠르고 저렴하게 책을 발간하는 일이 시대의 과제로 떠오르기 시작했다.

중세 수도원의 서적을 둘러싼
미스터리 소설 『장미의 이름』

움베르토 에코의 소설 『장미의 이름』에는 수도원과 서적, 그리고 서적을 관리하는 수사들이 어떤 인물들인지 잘 나타나 있다. 소설의 줄거리는 다음과 같다.

이 소설에서는 수사를 수도사라고 표현한다. 수도사 윌리엄과 그를 모시는 수련사 아드소가 황제 측과 교황 측 사이의 회담을 준비하기 위해 회담이 열릴 수도원에 도착하면서 사건이 시작된다. 수도원의 원장이 윌리엄에게 수도원에서 발생한 살인 사건을 풀어달라고 간청했고, 윌리엄은 곧바로 이 사건에 착수했다. 사건 조사 과정에서도 몇몇의 수도사들이 사망했다. 윌리엄은 살인 사건의 중심에 미궁의 장서관이 있다고 보고 그곳을 조사하는 한편, 수도사들을 탐문했다. 윌리엄은 수집한 여러 자료를 바탕으로 추리해 결국 장서관의 밀실에 들어가는 방법을 찾아냈다. 장서관의 밀실에는 윌리엄이 예상하던 인물이 기다리고 있었다. 장서관의 비밀을 지키려는 그 인물에 의해 장서관은 불이 나고, 이 불은 본관에서 다른 건물 전체로 번졌다. 결국 사건은 해결되었으나, 기독교 최대의 장서관을 자랑하던 수도원은 폐허가 되고 말았다.

이 소설에 나오는 수도원 장서관 사서는 여러 언어를 다룰 줄 아는 가장 똑똑한 수도사 중에서 자격이 주어지며, 후에 수도원 원장에 오르기도 하는 중요한 자리였다.

인구의 3분의 1이 죽는 끔찍한 재앙이 14세기 중반 유럽을 강타했다. 현대인들에게 전염병이 돌 때마다 매번 20세기 초 가장 큰 사망자를 낸 스페인 독감이 이야기되곤 한다. 당시 사망자는 최소 2,500만 명에서 최대 1억 명이었다. 당시 전체 인구 약 16억 명의 5퍼센트에 해당됐다.

그렇다면 30퍼센트가 넘는 인구가 사망한 엄청난 질병이 발생하게 된 원인은 무엇일까? 이러한 최악의 재앙으로 사람들은 계속 고통을 받기만 했을까? 전염병이 세상을 휩쓸어갈 때 사람들은 어떠한 삶을 이어갔을까? 당시의 생생한 목소리를 전하는 작품이 있다면 그 안에는 어떤 내용이 담겨 있을까?

언제나 그렇듯 전염병은 시간이 흐르면서 사라지게 마련이고 긴 터널을 통과한 유럽은 새로운 세상을 만들어나갔다. 새로운 유럽은 어두운 터널 안에서부터 그 싹이 움트기 시작했다.

제5장

재난의 시대,
흑사병의 유행

01

중국에서 시작된 재앙의 조짐

엄청난 수의 시신이 매일 거의 매시간 모든 교회로 밀려들었으니 묘지에는 신성한 땅이 충분치 않았습니다. 오랜 관습대로라면 각자가 원하는 장소에 묻혀야겠지만, 이제는 어디나 꽉 차버린 교회 묘지를 대신하여 거대한 도랑들이 파였고, 그 속은 몇 백 명씩 밀려드는 시신들로 채워졌습니다. 배 밑바닥에 화물이 쌓이듯 그렇게 시신들은 사이사이에 흙을 조금씩만 덮고서 도랑이 넘칠 때까지 차곡차곡 쌓였습니다.

위 글은 『데카메론』에 나오는 장면으로 14세기 중엽 이탈리아의 한 도시 피렌체에서 벌어진 끔찍한 상황을 보여주고 있다. 죽은 이를 바라보는 생존자의 고통 역시 아물지 않는 깊은 상처로 남았다. 또 다른 자료로 어느 이탈리아 법률가가 친구에게 보낸 편지가 남아 있는데, 이 편지에는 다음과 같은 내용이 담겨 있다.

> 나의 두 아이(큰아이와 둘째 아이)가 내 팔에서 몇 시간 만에 죽는 것을 보았네. 내가 큰아이한테 건 기대가 얼마나 컸는지는 신께서 잘 알고 계실 걸세. 그 아이는 벌써 나의 친구이자 다른 아이들에게는 나와 함께 아버지나 마찬가지였네. ……같은 시각 나의 아내인 안토니아도 아파서 죽어가고 있었고, 침대에 함께 있던 둘째 아들도 아내 곁에서 죽었다네. 어린애들이 흐느끼는 소리를 들으며, 또 애들 엄마가 결국 이겨내지 못한 것을 보면서 내 마음이 얼마나 찢어졌을지 상상해보게…… 셋이나 죽어버리다니!

유럽에서 도대체 왜 이런 일이 벌어진 걸까?

1300년경에 이르러 농업 생산이 한계점에 다다랐다. 이 시기 수확량과 경지 면적이 줄어들었는데, 그 이유는 무엇일까? 11세기와 12세기에는 서유럽이 건조하고 따뜻한 기후 덕분에 농업 생산이 계속 증가했다. 하지만 14세기에 이르러 이제 개간할 수 있는 땅이 별로 남지 않았다. 토지가 비옥하지 않은 땅을 개간하여 농사지으면서 생산량을 늘리는 데도 한계가 있었다. 비옥한 땅 역시 기존 방식으로 농사지으면서 이전처럼 생산량이 늘지 않고 정체되기 시작했다.

여기에 더해 1300년경 이후 기온이 낮아지면서 작물 성장에 나쁜 영향을 끼쳐 농촌은 더욱 큰 타격을 입었다. 14세기에는 평균 기온이 섭씨 1도 낮아졌는데, 이는 잉글랜드를 비롯한 유럽 북부 지역에서 포도 재배를 힘들게 한 요인이 됐다. 농작물이 자라는 데 필요한 계절이 너무 짧아져 곡물 농사가 점점 어려워졌다. 포도나무는 봄에 부드러운 비와 함께 날씨가 온화하고 따뜻해야 성장이 촉진될 수 있다. 포도나무에 꽃이 피는 동안에는 따뜻한 날씨가 계속되어야 하며, 여름에는 온도가 높고 비가 적당히 내려야 열매가 많이 열릴 수 있다. 포도 재배는 이런 자연환경을 필요로 하는데 섭씨 1도가 낮아진다면 치명적인 악영향으로 포도 수확량은 줄어들 수밖에 없다. 그린란드와 스칸디나비아 일부 지역에서는 농사짓는 일이 중단됐다. 게다가 1315년 서유럽에 대홍수가 일어나 작물을 휩쓸어 가고 장기간 심각한 기근이 이어졌다. 3년이나 기근이 반복되어 농민들은 끝내 곡식 씨앗까지 먹었고 이듬해 자연환경이 나아졌음에도 씨앗이 없어 농

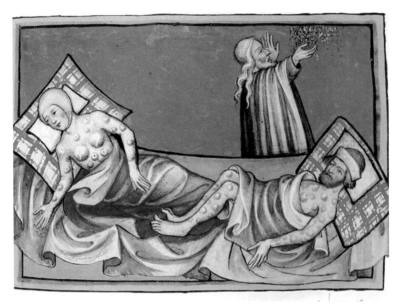

• 흑사병 환자
1411년 토겐부르크 성서에 그려진 흑사병 환자들의 모습이다. 온몸에 종기가 퍼져 환자들이 병상에 누워 있다.

사를 지을 수 없었다. 이후 흑사병이 유럽을 덮친 14세기 중반까지 홍수 등의 천재지변이 거듭됐다.

흑사병은 1347년에서 1352년 사이 전유럽에 걸쳐 퍼지면서 수많은 사상자를 몰고 왔다. 일단 벼룩에 의해 선페스트에 걸리기만 하면 환자는 배 아래쪽과 겨드랑이 밑에 종기가 걷잡을 수 없이 생기며, 팔다리에 검은 반점이 생기고, 설사를 하다가 결국 3일에서 5일 만에 죽음을 맞게 된다. 어떤 사람은 건강한 몸으로 침대에 들어갔다가 밤새 고통에 시달린 후 다음 날 아침 시체로 발견되기도 했다. 선원들이 모두 이 병에 걸려 죽고 시체를 실은 배가 정처 없이 바다에서 떠돌기도 했다. 과연 페스트균은 어디로부터 온 것일까?

재앙의 조짐, 중국에서 시작되다

몽골의 침략이 시작되기 전 1200년경 중국의 총인구는 약 1억 2,300만 명이었지만, 몽골의 지배로부터 벗어난 1393년에는 약 6,500만 명으로 인구가 절반 정도로 급격히 줄었다. 몽골인이 아무리 잔인하다 하더라도 이렇게까지 인구수가 줄어들기는 어렵다. 그렇다면 인구를 감소시킨 결정적인 원인은 무엇이었을까? 바로 중국에서 유행한 흑사병이었다. 중국 기록에 무서운 전염병이 퍼져 많은 사람이 죽었다는 기록은 1331년까지 없다. 비교적 범위가 큰 전염병이 유행했다는 기록은 1353~1354년에 걸쳐 있다. 즉 2년 사이에 중국 8개 지방에 전염병이 확산되어 '그 고장 사람들 중 세 사람에 두 명 꼴로 죽었다'라는 기록이 남아 있다.

그렇다면 흑사병은 중국에 어떻게 들어와서 어떤 경로를 거쳐 퍼져갔을까? 흑사병 원인균은 1331년 중국에 들어왔다. 중국

내륙 남쪽에 있는 윈난성과 인접한 미얀마 같은 오랜 흑사병 감염 중심지로부터 직접 들어왔거나, 아니면 만주와 몽골의 초원 지대에 살던 쥐 등 설치류가 중국에 흑사병을 전파시켰다. 그 후 16년 동안 아시아 대륙에서 낙타에 짐을 싣고 떼를 지어 먼 곳으로 다니면서 특산물을 교역하는 상인인 대상(隊商)들이 묵는 숙소는 언제나 여행객이나 낙타가 먹을 상당량의 식량이 저장되어 있었다. 당연히 쥐와 쥐에 기생하는 벼룩도 아주 많았다. 서유럽 전역에는 방앗간이 있었는데, 방앗갓에는 쥐가 많았다. 이렇게 모여든 쥐와 벼룩이 흑사병에 감염되면 다시 주변에 전파시켰다. 흑사병이 새로운 지역에 퍼지면 사람들은 이 지역을 피해 도망갔고, 결국 이러한 행동은 흑사병 원인균을 또 다른 지역에 전파시키는 원인이 되었다.

유라시아 대륙의 초원 지대에 흑사병 원인균이 자리 잡고 중국에서 퍼져간다고 해서 곧 유럽에 흑사병이 유행하지는 않았다. 유행하려면 먼저 흑사병 원인균에 감염된 쥐와 벼룩을 여러 항구로 운반할 선박과 선박이 오가는 교역망이 지중해를 비롯한 유럽 각 지역을 연결해주어야 했다. 이러한 항로가 1291년에 열렸다. 또 13세기에 선박의 성능이 크게 나아져 계절에 상관없이 연중 항해가 가능해 겨울에도 매서운 바람을 무릅쓰고 대서양을 오갈 수 있게 됐다. 끊임없이 바다를 오가는 선박은 '검은쥐(곰쥐)'에게 안전한 교통수단이 됐다.

중국에서 시작된 흑사병은 곧 인근 지역으로 퍼졌다. 1338년 중앙아시아에서 발병한 것이 확인됐고, 곧 동서 교역로를 따라 지중해 지역으로 향했다. 사람의 이동 경로를 따라서 사마르칸트 같은 대상 무역의 중간 거점을 거쳐 1346년 흑해에 도착했다. 이후 흑사병은 어떻게 유럽까지 들어가게 됐을까? 이와 관련해 가브리엘 데 무시스의 이야기가 전한다.

흑해 연안의 카파(오늘날 우크라이나의 페오도시야)는 제노바 상인들이 동방 무역을 하는 주요 거점이었는데, 이해에 몽골 군대에 포위당해 있었다. 그런데 몽골군 안에 흑사병 환자가 발병하여 더 이상 군대의 주둔과 전투가 힘들어지자 투석기를 이용하여 흑사병으로 죽은 사람의 시체를 성 안에 던져 넣었다. 곧 성 안은 성밖과 마찬가지 상황이 됐다. 살아남은 몇몇 사람들은 설사 흑사병을 견디더라도 몽골인의 대학살을 견딜 수 없다고 생각했다. 이 때문인지 당시 카파를 비롯한 흑해 연안 지역에 흑사병이 발병했고, 교역을 위해 이 지역을 오가던 유럽 선박을 통해 흑사병이 지중해 방면으로 유입됐다.

흑사병이라는 이름의 시작

흑사병은 영어로 'Black Death'라고 하여 '검은 죽음'이라 불린다. '검다'라는 말이 붙은 이유는 무엇일까? 일반적으로 병에 걸린 사람의 살덩이가 썩어가다가 죽기 얼마 전부터 검게 되기 때문에 이런 이름이 생겼다고 알려져 있다. 문제는 이 병의 진행 과정에서 검게 되는 현상이 없다는 점이다. 피가 썩는다는 패혈증세를 보이는 흑사병의 경우 검은색이나 자주색 반점이 환자의 몸에 나타나 이런 명칭을 떠올릴 수도 있다. 하지만 전염병 이름이 그 피해자의 겉모습을 보고 나오는 경우가 많은데, 전염병이 확산되던 당시에는 '검은 죽음'이라는 말은 없었다. 당시에는 종기나 부스럼, 물집 등 병의 증세를 이름으로 삼는 경우가 많았다. 보카치오가 쓴 『데카메론』에도 종기를 나타내는 '가보치올로(Gavocciolo)'라는 말이 사용됐다.

그렇다면 병의 이름은 어디에서 비롯된 걸까? 가장 유력한 설명은 필립 지글러가 쓴 『흑사병』에 나온다. 라틴어 용어를 직역하는 과정에서 잘못 나오게 됐다는 것이다. 원래 라틴어 용어인 '페스티스 아트라(pestis atra)', 또는 '아트라 모르스(atra mors)'를 직역하면 '검은 죽음'이 맞다. 하지만 14세기에 '아트라'라는 말은 '검은'이라는 뜻 외에 '지독한', 혹은 '무서운'이라는 의미가 담겨

- **음침한 밤 해골의 춤**
  흑사병으로 인한 죽음을 표현한 판화이다. 1493년에 제작되었다.

있었다. 그런데 영어나 스칸디나비아어로 곧이곧대로 직역하면
서 '검은 죽음'을 그대로 이 병의 명칭으로 사용했다는 설명이다.
이 용어가 일단 수용된 후 다른 어떤 것보다 강력하게 사용됐고
다른 용어가 들어올 틈이 사라졌다.

　참고로 흑사병으로 너무도 많은 사람들이 죽었기에, 당시 그
림에는 죽음을 상징하는 해골이 춤추는 모습이 자주 표현되어
있다. 이를 '죽음의 무도(춤)'라고 하는데, 흑사병을 상징하는 말
이 됐다. 프랑스 작곡가 생상스가 만든 곡인 〈죽음의 무도(Danse

Macabre)〉 역시 흑사병 시대에 쓰여진 시에서 감명을 받아 만든 곡으로 알려져 있다. 음악 중간에 실로폰 소리가 들리는데, 이는 해골들의 뼈마디가 부딪히는 소리를 표현한 것이라 한다. 이 곡은 지난 2009년 미국 로스앤젤레스에서 열린 피겨 세계 선수권 대회에서 김연아가 세계 신기록으로 압도적인 우승을 할 때 자신의 곡으로 사용하기도 했다. 당시 김연아가 펼친 연기와 마지막 얼굴 표정은 지금도 회자되고 있다.

02

유럽 전역으로 퍼진 죽음의 그림자

흑사병 원인균을 실은 배는 흑해 연안 지역에서 출발하여 비잔 티움제국의 수도인 콘스탄티노폴리스를 지나 그리스 에게해의 여러 섬, 그리고 이집트의 알렉산드리아 등을 거치면서 사방에 균을 퍼뜨렸다.

공포에 휩싸인 제노바는 카파에서 출발한 배가 항구로 들어오 지 못하게 했다. 이 배들은 어쩔 수 없이 마르세유(현재 프랑스 남부 지역)로 갔는데, 1347년 11월 마르세유는 항구에 배를 대도록 허 락했다. 이는 참혹한 결과를 불러왔다. 배에 있던 감염된 쥐들이 항구를 빠져나갔다. 14세기 유럽 어디에서나 흔히 볼 수 있었던 검은쥐들에게 균을 옮겼고, 이 쥐들이 먼저 감염되어 죽었다. 숙주인 쥐가 죽자 쥐에 머물던 벼룩들이 사람들에게 들러붙었다. 이미 쥐의 피를 빨아 흑사병 원인균을 지닌 벼룩이 균을 그대로 사람에게 옮겼다.

병은 프랑스 남부 도시와 피렌체, 로마 등 이탈리아 도시로 번져갔고, 영국, 아일랜드, 네덜란드를 향해 북쪽으로 확산됐다. 1350년에는 스칸디나비아, 1352년에는 모스크바까지 퍼져갔다.

14세기 중엽 흑사병은 세계석으로 유행하고 난 다음 향후 300년 동안 지속적으로 지역 단위의 유행병으로 일어났다. 15세기 유럽의 거의 모든 지역에서 10년 주기로 흑사병이 나타나기도 했다. 그러나 흑사병의 발병은 차츰 빈도가 줄어들고 치사율도 감소됐다. 유럽에서 마지막으로 1661년과 1669년 사이에 흑사병이 일어났는데, 1665년 런던의 흑사병 유행이 특히 심각했다. 1720년 이후 흑사병은 서유럽에서 사라졌고, 폴란드와 러시아 등 동유럽 지역에서는 18세기 말까지 계속 유행했다.

그렇다면 흑사병은 어떻게 사라지게 됐을까? 그 이유는 명확히 밝혀지지 않았지만, 영국에서 사라진 이유에 관해서는 1666년 런던 대화재 이후 사람들의 집이 벽돌집으로 바뀌어 쥐와 벼룩의 환경이 달라진 점이 자주 언급되기도 한다.

흑사병에 사람들은 어떻게 반응했을까?

흑사병이 엄청난 기세로 확산되던 당시 사람들은 어떻게 반응했을까? 사람들은 흑사병이 전염병이라는 사실을 재빨리 알아챘지만 어떤 경로로 퍼지는지는 알지 못했다. 중세 전문가들 대부분 흑사병이 나쁜 공기를 통해 확산된다고 믿었으며, 감염된 지역을 떠나 도망치거나 나쁜 공기를 막기 위해 향기 좋은 꽃으로 코를 막으라고 권고했다. 이에 따라 집에 가능하면 좋은 향기가 나는 식물과 꽃을 채우고 마루에 식초와 장미수를 뿌렸다. 만약 집을 떠나야 하는 경우에는 호박(琥珀)이나 향기로운 사과를 들고 다녔다.

어떤 사람들은 집에만 틀어박혀 위험이 지나갈 때까지 아무도 집 안에 들이지 않았다. 또 어떤 사람들은 아무것도 하지 않은 채 운명에 모든 것을 내맡겼으며, 다른 사람들은 욕망에 몸을 맡긴 채 "먹고 마시고 즐기자. 내일이면 죽을 테니까"라고 외쳤다.

나쁜 것이 나쁜 것을 몰아낸다며 악취를 맡으면 흑사병을 막는 데 도움이 된다고 보는 사람도 있었다. 그래서 흑사병이 도는 지역의 주민 가운데 일부는 변기에 쪼그려 앉아 몇 시간이고 그 악취를 맛있게 들이마시기도 했다.

피를 밖으로 뽑아내는 경우도 있었다. 병에 걸린 감염자의 몸에서 나오는 피는 보통 색이 탁하고 진했다. 만약 피를 뽑다가 환자가 기절하면 찬물을 붓고 계속 뽑아내라고 하는 외과 의사도 있었다. 독을 밖으로 빼낼 수 있다고 본 것이다. 피를 빼낼 때 절개 부위는 따로 정해져 있지 않아 의사마다 달랐으며 부위를 잘못 택하여 목숨이 위태로워지는 경우도 많았다.

한편 사람들이 희생양을 외부에서 찾는 경우도 있었다. 일부 지역에서는 유대인이 우물에 독을 넣어 흑사병을 번지게 만들었다는 헛소문이 돌았다. 라인란트, 남부 프랑스, 에스파냐에서는 수많은 유대인 공동체가 공격을 받고, 수천 명의 주민이 학살당했다. 교황 클레멘스 6세(재위: 1342~1352)는 전 유럽에 편지를 보내 유대인 역시 크리스트교도와 마찬가지로 흑사병으로 죽어가고 있으니 폭력을 중지하라고 명령했다. 하지만 편지가 도착했을 때는 이미 수많은 유대인들이 학살당한 뒤였다.

채찍질 고행단도 등장했다. 돌아다니며 참회하는 채찍질 고행단은 죄 많은 세상에 흑사병을 내려보낸 신의 노여움을 달래려고 채찍으로 피가 나도록 스스로를 매질했다. 채찍질은 1260년경 공개 회개 대회에서 처음 등장했다가 흑사병이 유럽에서 확산되던 1348년과 1349년에 다시 확대됐다.

이들은 스스로 매질하는 도구로 무거운 채찍을 사용했는데,

- **채찍질 고행자**
  고행자들이 자신의 몸에 채찍질하고 있는 모습을 그린 삽화이다.

채찍 끝에 금속 징이 박힌 서너 개의 가죽끈이 달려 있었다. 집단 예식을 행하면서 말세가 왔으니 회개하라고 울부짖으며 수많은 남녀가 서로를 채찍질했다. 채찍질 고행자 주변에는 폭도들이 몰려들어 교회 및 세속 당국이 우려할 정도로 심각한 상황이어서 마침내 1349년 말 교황이 명령을 내려 이를 제지했다. 물론 채찍질 고행단은 크리스트교도 중 일부에 해당했다. 상당수의 사람은 각자의 자리에서 흑사병으로 목숨이 위협받는 상황에서도 죽은 사람과 죽어가는 사람을 보살폈다. 다만 채찍질 고행단은 당시 흑사병이 살아남은 사람들에게 얼마나 충격을 주었는지 짐작하고도 남는 사례로 볼 수 있다.

흑사병을 치료하던 의사 이야기

흑사병이 유행하던 시기의 판화와 그림을 보면 새 부리 모양의 가면을 쓰고 있는 사람이 나온다. 그림 상단에는 독일어로 '독토르 쉬나벨 폰 롬(Doctor Schnabel Von Rome)'이라고 쓰여 있다. '로마 지방의 부리 가면 의사'라는 뜻이다. 즉, 흑사병이 유행하던 당시 의사를 묘사한 그림이다.

앞에서 말한, 흑사병에 걸린 사람을 치료하기 위해 피를 밖으로 뽑아내는 일을 하던 사람이 바로 의사들이었다. 당시 의사들은 흑사병 치료에 도움이 됐을까? 당시 가장 성공한 의사였던 숄리아크는 이런 말을 남겼다.

도움이 되기는커녕 전염을 두려워하며 병자를 찾아가기조차 꺼려했던 의사들에게 흑사병은 수치스러운 일이다. 의사들은 환자를 방문한 경우에도 아무것도 이루지 못했고 치료비도 받지 못했다. 환자들은 모두 죽었기 때문이다.

* **닥터 쉬나벨**
  흑사병을 치료하는 의사였지만, 오
  히려 병세를 더 악화시켰다.

　의사의 치료로 병자의 고통이 줄어든 경우는 있었지만 직접
병을 고친 사례는 없었다.

　당시 의사들은 독특한 의상으로 흑사병 진료에 나섰다. 먼저
새 부리 모양의 가면을 썼다. 이 때문에 '새 부리 의사(Beak Doctor)'
라고도 불렸다. 하나로 된 긴 겉옷을 밀랍으로 코팅하고, 가면의
새 부리 부분 안쪽에 각종 향료, 허브 등을 넣었다. 나쁜 공기로
흑사병이 전염된다고 믿었기 때문에 이를 피하기 위한 방법이었

다. 또 환자와의 접촉을 피하기 위해 장갑도 끼고 보안경도 썼다. 환자와 직접적으로 접촉하지 않으려고 지팡이도 들고 다녔다. 결국, 지팡이는 진맥용 의료 도구인 셈이다. 그럼에도 불구하고 감염된 벼룩이 옷 속으로 들어와 의사에게 병을 전염시키는 경우도 있었다.

당시 의사들이 할 수 있는 치료법은 피를 밖으로 뽑아내는 일 뿐이었다. 당연히 병세가 나빠져 결국 의사들은 저승사자처럼 인식됐다. 국내에서는 '닥터 쉬나벨'이란 이름으로 알려졌다.

참고로 의사가 썼던 가면은 흔히 '흑사병 의사 가면(Plague Doctor Mask)'이라고 하는데, 사람과는 다른 얼굴로 왠지 모를 위압감과 공포감을 주어 창작물 등에서 자주 나온다. 역사물을 매개로 한 공상 과학물을 의미하는 스팀펑크(steampunk)에서 흑사병 의사 가면으로 등장하는 경우가 종종 있으며, 할로윈 파티의 가면으로도 쓰인다. 공포물에서 사이비 종교 집단의 옷으로 활용되기도 한다. 게임이나 만화 캐릭터로도 자주 등장하는데, 대개 시체 처리자와 같은 의미를 담고 있다. 이탈리아에서는 인류가 흑사병을 이겨낸 상징으로 보고 있어서 가면 축제에 가면 많이 볼 수 있다고 한다.

03

흑사병, 유럽의 경제와 사회를 뒤바꾸다

14세기 중엽에 유럽을 휩쓴 흑사병은 생존자들에게 커다란 고통을 안겨주었다. 공포에 질린 사람들은 다른 사람과의 접촉을 피했고 일자리를 떠나 혼자서 생활하는 길을 택했다. 도시에 살던 사람들은 지방으로 내려가 시골에 살았고, 시골에 사는 사람들은 이웃과의 만남을 회피하여 도망쳤다. 심지어 교황도 궁정에 틀어박혀 누구의 출입도 허용하지 않았다. 이 과정에서 농민이 작물을 돌보지 않아 들판에서 썩고, 제조업은 무너지게 됐다. 그 결과 기본 생필품이 귀해지고 물가도 크게 올랐다.

하지만 15세기 들어 물가가 안정되고 주요 식품 가격 역시 하락하기 시작했다. 식량 생산이 회복세로 돌아서고 인구 감소로 식량 소비가 줄었기 때문이다. 이처럼 곡물 가격이 저렴해지자 지역별로 농업 생산이 전문화되는 경향이 나타났다. 즉 곡물 가격이 낮아지면서 사람들은 버터 등 유가공 제품이나 고기, 포도주 등을 소비할 수 있게 됐다. 이제까지 유럽 전 지역의 농민들은 빵에 의존해 생활했다.

그러나 밀을 생산하기에 적합하지 않거나 기후 조건이 나쁜 지역에서는 그 지역에 맞는 작물이나 품목을 전문적으로 생산할 필요가 있었다. 각 지역 조건에 따라 우유 생산을 위해 가축을 사육하거나, 포도주 생산을 위해 포도를 키우거나, 맥주 생산을 위해 맥주 원료인 맥아를 재배했다. 그 결과 유럽에 전문화된 지역 경제가 나타났다. 잉글랜드에서는 맥주를, 프랑스에서는 포도주를, 스웨덴에서는 버터를 생산하여 다른 지역에 팔았다. 유럽은 각 지역의 전문적인 생산 품목을 교환하고 거래하면서 효과적으로 이익을 챙길 수 있었다.

도시의 중요성도 상대적으로 커졌다. 인구가 줄고 급격하게 경제 여건이 달라지는 상황에서 도시의 제조업자들은 영주들보다 한층 유연하게 대응할 수 있었다. 시장의 수요가 줄어들면 제조업자들은 수요에 맞춰 쉽게 공급을 줄였다. 상황이 좋아지면

물품 생산을 금방 늘렸다. 임금을 높여 지방의 노동력을 확보할 수도 있었다. 새로 도시로 옮겨온 노동자의 상당수는 여성이었는데, 그들은 흑사병으로 인해 도시 노동력이 부족해진 덕분에 유리한 경제 기회를 얻었다. 이제 지방과 도시의 인구수는 다시 도시 쪽으로 기울었다.

농노의 지위가 개선되다

농촌에서 흑사병이 미친 가장 분명한 결과는 농촌 노동력이 심각하게 부족해졌다는 점이다. 흑사병이 일어나기 전 유럽에서는 상공업이 발달하고 도시가 성장하면서 화폐 경제가 확산됐다. 화폐가 필요해진 영주는 농민에게 부역 대신 현물이나 화폐로 지대를 내게 했고, 농민들은 점차 부역의 의무에서 벗어날 수 있었다. 지대를 화폐로 내는 농노들은 곡물 가격이 상승하고 화폐 가치가 떨어짐에 따라 경제적 지위가 향상됐다.

그런데 흑사병으로 농촌 노동력이 심각하게 부족해지자 대토지를 소유한 영주들은 지난 몇 세기 동안 조금씩 개선되어온 농노의 지위를 다시금 누르고 과거에 무겁게 부담했던 부역 노동을 다시 부과하려 했다. 부역 노동이란 농노이기에 영주의 장원에서 의무적으로 일해야 하는 노동을 말한다. 하지만 농촌에는 사람이 너무 많이 죽어 들일을 해줄 사람을 구할 수가 없었다. 당시 상황을 두고 어느 성직자는 이런 글을 남겼다.

하인도 일꾼도 거의 남아 있지 않았기 때문에 일손을 구할 길이라고는 없었다. 이듬해 가을이 됐지만, 들의 곡식을 거두어들일 사람을 단 한 명도 구할 수가 없었다. ……이에 수많은 곡식이 들판에서 그냥 썩어나갔다.

살아남은 농민들은 자신의 가치가 귀해졌다는 사실을 알게 됐다. 이제 더 이상 아무런 대가 없이 귀족과 영주의 땅을 경작해줄 필요가 없었다. 대신 노동력이 부족해진 상황을 틈타 임금 상승을 요구했고, 비싼 임금을 지불할 수밖에 없었던 영주들은 경제 수입이 줄게 됐다. 당시 정부도 농민과 일꾼의 임금 상승 요구가 있을 때 임금을 과거 수준으로 동결시키려 했지만, 그러한 조치는 격렬한 반발을 일으켰다.

영주들은 방대한 규모의 농장을 비싼 임금을 주고 일꾼을 고용해 경작할 형편이 되지 않았기에 농장은 날로 줄어들었다. 반면 농민들은 점차 자기 땅을 소유하게 됐다. 이러면서 토지를 빌리는 대가로 농노들이 영주의 대농장을 경작하는 봉건제가 해체되어갔다. 이처럼 흑사병은 대다수 농민들로 하여금 자신의 지위를 당연한 것으로 받아들이던 옛 관습을 깨트릴 계기를 마련해주었다.

농민이 반란을 일으키다

이제 농민들은 종교를 통해 내세를 준비하는 것에 머물지 않고 현실에서 천국을 건설하기를 희망했다. 영국의 방랑 설교가인 존 볼(John Ball)은 다음의 말로 농촌 사람들에게 열변을 토했다.

선량한 백성 여러분, 영국에서 상황은 좋지 않게 돌아가고 있습니다. 모든 것이 공유되고 더 이상 농노나 영주가 존재하지 않아야 상황은 나아집니다. ……왜 우리가 예속의 굴레를 써야 합니까? 우리 모두는 한 아버지와 한 어머니인 아담과 이브의 자손입니다. 영주들이 우리를 일하게 하여 배불리 먹고 있다는 사실 외에 어떻게 우리보다 더 우월하다는 걸 증명할 수 있겠습니까?

더 나은 삶을 바라는 농민들의 기대가 정부나 영주들의 탄압으로 좌절되자 농민들은 유럽 전역에서 격렬히 저항했다. 당시

• **와트 타일러의 난**
배에 타고 있는 왕 리처드 2세에게 농민들이 요구 사항을 전달하는 장면이다. 프랑스 작가 장 프루아사
르가 그렸다.

농민 반란으로 잘 알려진 것이 자크리의 난과 와트 타일러의 난
이다.

1358년 프랑스에서는 '자크리의 난'이 일어났다. 프랑스 귀족
들은 농민을 그들이 입은 옷의 이름을 따서 '자크'라고 희화화해
서 불렀다. 자크리의 난은 이미 세금 부담이 컸던 농민들에게 국
가가 져야 할 비용을 부담시킨 데 반발하여 일어났다. 당시 영국
과의 전쟁에서 패배한 뒤 포로로 잡힌 프랑스 국왕 등 수많은 귀

족들의 몸값을 농민에게 부담시키려 했다. 이에 프랑스 파리 인근의 농민들은 성을 불태우며 영주에게 반기를 들었다.

1381년 잉글랜드에서도 농민, 기술공, 도시 거주자 등 하층 계급들이 대대적인 반란을 일으켜 런던을 휩쓸었다. 이 반란을 농민 지도자의 이름을 따 '와트 타일러의 난'이라고 한다. 당시 잉글랜드 농민은 노동력 부족으로 일손이 부족해지자 임금이 오를 것을 기대했다. 하지만 영주들은 자신의 수입을 유지하기 위해 흑사병 이전 수준으로 임금을 낮춰 잡았고 이를 법안으로까지 통과시켰다. 더욱이 과거에 부과했던 비용과 부역 노동까지 모두 받아내려 했다. 그러나 농민들은 이를 받아들이지 않았고 결국 충돌로 이어졌다. 이들은 농노제를 폐지하고, 농노가 지불할 지대를 고정 지대로 바꿀 것 등을 주장했다. 일련의 사건을 거치면서 영주들은 농노로부터 의무 노동인 부역 노동을 시키는 것보다는 화폐 지대를 받고 신분의 자유를 허용하는 편이 훨씬 유리함을 깨닫게 됐고, 결국 중세 봉건제는 해체됐다.

04

인간 자신의 선택을 마주한 작품『데카메론』

엄청난 희생을 불러온 흑사병을 피하는 방법은 우선 그 장소를 벗어나는 것이었다. 『데카메론』에는 흑사병의 난리를 피해 피렌체의 젊은이 열 명이 교외의 빌라로 가서 나눈 이야기가 실려 있다. 이 일곱 명의 여성과 세 명의 남성이 무료함을 달래려고 서로 돌아가며 이야기를 하는데, 매일 한 사람이 하나씩 열흘 동안 이야기를 해서 모두 100개의 이야기가 나오게 됐다. '데카메론'이라는 말은 무엇을 뜻할까? 이 단어는 고대 그리스어로 10을 나타내는 '데카'와 날(日)을 나타내는 '헤메라'를 합친 말로 곧 10일을 가리킨다.

『데카메론』을 쓴 조반니 보카치오는 1313년에 태어나 1375년에 사망했으며 주로 나폴리와 피렌체에서 살았다. 그러니 30대에 피렌체에 살면서 흑사병으로 난리가 난 상황을 직접 목격하고 이를 책으로 썼다. 『데카메론』을 쓴 시점도 1349년에서 1353년으로 유럽에서 흑사병으로 가장 많은 사람이 죽어가던 바로 그때였다.

보카치오에게 14세기 이탈리아는 불행한 이미지로 남아 있었다. 그는 사생아로 태어났고 경제적으로 파산을 경험하기도 했다. 게다가 전대미문의 흑사병이 퍼지면서 아버지와 계모, 수많은 친구들을 저세상으로 떠나보냈다. 이러한 때에 『데카메론』을 집필했다.

보카치오는 이 책 서문에서 흑사병을 생생하게 묘사하고, 흑사병이 계급을 넘어 모든 구성원에게 퍼지는 시대적 불행을 표현했다. 그러면서도 그 불행을 대하는 개인은, 모든 인간이 평등하고 자유롭게 자신의 삶을 만들어갈 수 있다는 긍정적인 생각을 가지고 있다는 점을 담아내었다. 이러한 세계관이 르네상스에서 말하는 이른바 인문 정신이었다. 보카치오는 교회의 전통적인 교리에서 벗어나 인간을 개성적인 존재로 파악한 세계관을 제시했다.

이 책에 담긴 열흘 동안에 한 100가지 이야기는 어떤 내용일까? 열흘 동안 열 명의 젊은이는 정해진 주제에 따라 이야기를 들려주었다. 첫 번째 날은 각자가 마음에 드는 주제, 두 번째 날은 온갖 고난을 겪은 끝에 행복한 결말에 이르는 모험담, 세 번째 날은 오랫동안 원하던 바를 손에 넣은 사람들의 이야기, 네 번째 날은 불행한 사랑의 이야기, 다섯 번째 날은 역경을 딛고 일어선 연인들의 행복한 이야기, 여섯 번째 날은 기발한 재치와 날카로운 통찰로 위기나 모욕을 모면한 사람의 이야기, 일곱 번째 날은 여자들이 사랑이나 두려움 때문에 남편을 우롱하는 이야기, 여덟 번째 날은 어떤 유형이든 한 사람이 다른 사람을 골려 먹는 이야기, 아홉 번째 날은 각자가 마음에 드는 주제, 열 번째 날은 사랑이나 다른 종류의 모험을 관대하게 행한 사람의 이야기 등을 다루었다.

기존과 다른 생각을 전하다

100개의 이야기에는 기존 중세의 도덕과는 다른 가치관이 담겨 있다. 무엇보다도 이들 이야기에서는 기독교를 무조건적으로 옹호하는 내용은 없다. 예를 들어 첫 번째 날 두 번째 이야기에는 유대인 아브라함이 파리의 부유한 상인 잔노토의 권유로 기독교

• 보카치오
이 작품은 안드레아 델 카스타뇨가 1450
년경에 벽에 보카치오의 모습을 표현한
프레스코화이다.

로 개종하는 이야기가 나온다.

잔노토는 같은 업종에 종사하는 부자 유대인 아브라함과 친하게 지내고 있었다. 잔노토는 아브라함에게 유대교 신앙의 오류를 설명하면서 기독교의 진실로 돌아오라고 우정 어린 충고를 했다. 아브라함이 어떤 일이 있더라도 종교를 바꾸지 않겠다고 했지만 잔노토는 계속해서 그를 설득했다. 결국, 아브라함은 잔노토의 집요한 설득에 승복하고는 로마에 직접 가서 교황과 추기경 등의 행동과 인격을 보고 판단하겠다는 말을 했다. 이에 잔노토는 오히려 걱정을 했다. 로마교황청에 가서 성직자들의 더럽고 추잡한 생활을 보면 기독교인조차도 유대인이 되려 할 것이라 생각했다. 그래서 아브라함에게 파리에서 현명한 사람을 만나보는 게 어떠냐고 권했지만, 아브라함은 자신이 직접 봐야 한다는 뜻을 굽히지 않았다. 잔노토는 아브라함이 결국 기독교인이 되기 어렵겠다는 생각을 했지만 더 이상 고집을 피우지 않고 아브라함의 뜻을 받아들였다.

아브라함은 로마에서 잔노토가 예상한 대로 성직자의 파렴치하고 음탕한 행동을 보게 됐다. 성직자들은 양심의 가책도 없이 여색뿐 아니라 남색에도 빠져 지냈고, 무슨 큰일을 부탁하려고 하면 매춘부나 미소년의 힘을 빌려야 하는 실정이었다. 돈이라면 사족을 못 쓰고 절절매는 모습도 보았다. 불쾌해진 이 유대인은 파리로 돌아왔다. 며칠 지나 잔노토를 만난 자리에서 이 유대인은 로마의 성직자들은 음욕과 탐욕 등으로 타락했지만 오히려 잔노토와 같은 신자는 계속 늘어나고 진리를 깨우치는 모습에 감동했다며 기독교인이 되겠다는 말을 남겼다.

이전 사회와는 분명 다른 가치를 지향하는『데카메론』에는 다음과 같은 이야기도 전한다. 일곱 번째 날 다섯 번째 이야기이다. 이야기의 화자는 아내들이 일주일 내내 집 안에 틀어박혀 가족을 위해 봉사하지만 적어도 일요일에는 쉬어야 하는데 질투심 많은 사내들이 쉬어야 하는 날에 아내들을 더 감금하고 비참하게 만든다며 이런 이야기를 전했다.

한 부유한 상인이 아름다운 아내와 함께 살면서 필요 이상으로 질투심을 가졌다. 그는 아내가 어떤 이유를 대도 집 밖으로 나가지 못하게 했고, 창문으로 밖을 내다보는 것도 금지했다. 숨 막히는 생활을 하던 아내는 옆집에 쾌활하고 멋진 젊은이가 산다는 사실을 확인하고 틈새를 통해 젊은이와 대화를 나누다가 마음이 끌리게 됐다.

크리스마스를 앞둔 어느 날, 아내가 죄를 지어 고해성사를 한다고 하니 질투심 많은 남편은 그 내용을 알고 싶어 그 교회의 신부와 짜고 신부 복장을 한 다음 부인 앞에 섰다. 날도 밝지 않았고 남편이 눈까지 두건으로 가린 신부 복장을 했지만 이내 부인은 남편을 알아보았다. 하지만 부인은 남편을 알아보지 못한 척하고 그의 발아래 무릎을 꿇었다. 그러고는 어쩌는지 보려고 자신이 결혼한 몸인데 어떤 신부와 사랑을 나누게 됐고, 그 신부가 밤마다 찾아와 자기와 잠자리를 함께한다는 사실을 말했다. 이에 더욱 질투심으로 몸이 달아오른 남편은 그날 밤부터 혹시 올지 모를 신부를 기다리며 길 쪽으로 난 문을 지키기로 결심했다. 아내에게는 외박할지 모르니 밖으로 난 문을 잘 잠그고 혼자 잠자리에 들라고 얘기했다. 부인은 그날 밤 옆집 청년을 지붕으로 건너오게 해서 사랑을 나누었다.

여러 날 이런 생활을 반복하던 남편은 초췌하게 되어 더 이상 참지 못하고 부인에게 그 신부가 누구인지 따져 물었다. 부인은 바로 그날 신부 복장을 한 남편이라고 말했다. 결국 질투에 눈이 멀어 자신이 남편을 사랑하고 있다는 고백을 알아차리지 못했음을 오히려 질책했다. 불쌍한 질투쟁이는 아내의 비밀을 알아냈다고 우쭐해 있다가 아내의 말에 코가 납작해져 아무 말도 못 했고, 아내가 선량하고 현명하다고 생각하게 됐다. 하지만 부인은 쾌락을 누릴 허가를 받아 두고두고 좋은 시간을 보냈다고 한다.

이처럼 『데카메론』에는 이전 시대에 악덕으로 몰릴 행위도 다른 시각으로 바라보았다. 보카치오는 이 책을 통해 신성한 기독교를 지키기 위해 이교도를 칼로 베던 시대가 지나갔고, 이제 각자 자신이 원하는 행복을 추구하는 일이 중요해졌음을 은유적으로 표현했다. 다시 말해, 100가지의 다양한 상황을 제시하여 인간은 어떤 존재이며 어떻게 살아가는 것이 좋은 일인지 마주하게 했다. 보카치오의 이야기를 반종교적이고 반도덕적이라고만 볼 수 없다. 그는 인간이 고난을 겪기도 하고 고통을 받기도 하지만 때로 참고 견뎌내고 자신의 생각과 판단으로 역경을 헤쳐나가고 있음을 넌지시 말하고 있다. 이제 신의 생각이 어떤지 알아내려고 애쓰기보다 인간 자신이 어떤 생각으로 어떻게 행동하는가가 더 중요하다고 말하고 있다.

흑사병에 사람들은 어떻게 반응했을까?

흑사병의 정확한 원인은 역사가들도 잘 모른다. 다만 당대 기록들은 대개 인도나 중국을 발생지로 지목하고 있다. 그러다보니 유럽 인구의 3분의 1 정도가 사망한 끔찍한 전염병 앞에서 사람들은 무기력했다. 당시 점성술과 미신까지 동원한 의사나 마술사들조차 전염병이 쥐와 곤충을 통해 옮겨진다고 미처 생각지 못했기에 어떠한 치료법도 찾지 못했다. 오히려 그 원인을 외부에서 찾았는데 대표적인 예가 유대인 학살이었다. 1348년 스트라스부르에서는 900명에 가까운 유대인들이 불에 타서 죽기도 했다. 연대기 기록자인 어느 도미니크 수도승은 유대인들이 쇠와 불을 이용한 가장 잔인한 방법으로 처형됐다고 기록했다. 그는 유대인들이 우물에 독을 넣어 흑사병이 돌게 됐다는 말은 믿지 않았다. 유대인을 학살시키는 것은 단지 그들이 지닌 부를 시기했기 때문이라고 보았다. 갚아야 할 빚이 있는 사람들이 돈을 빌려준 사람들을 없앨 절호의 기회였던 것이다.

약도 구하지 못하고 처형할 유대인도 찾지 못한 이들은 자신의 몸을 매질하는 고행단에 합류했다. 회개를 통해 신의 분노를 풀어야 한다고 생각했다. 남녀노소 할 것 없이 모두 흰옷을 입고 하늘을 향해 통곡했으며, 옷을 허리까지 벗고 기도와 찬송으로 죄를 고백하며 스스로 채찍질했다. 가톨릭교회의 교단에서는 이런 집단을 경계했다. 죄를 용서하는 일은 성직자의 고유 권한이었기 때문이다. 교단의 우려와 달리 고행단에 속한 사람들은 회개를 위해 수많은 사람들과 무리 지어 다니면서 뜻하지 않게 흑사병을 다른 지역으로 광범위하게 퍼뜨리는 결과를 가져왔다.

14세기 중반 여러 해에 걸쳐 흑사병을 겪으면서 사람들의 태도와 마음가짐이 서로 상반된 방향으로 흘러가게 됐다. 한편으로는 이런 끔찍한 전염병을 겪으며 신앙심이 한층 깊어지는 현상이 나타났지만, 다른 한편으로는 거리낌 없이 쾌락을 추구하는 현상도 나타났다. 그 밖에 흑사병으로 사망한 사람들을 집단 매장하는 것을 목격하며 아직 살아 있을 때 자신의 묘지를 준비하자는 생각도 퍼졌다. 흑사병은 죽음과 매장에 대한 사람들의 생각을 바꾸어갔다.

왜 갑자기 14세기에 들어 전 세계적인 질병이 발생했을까?

전 세계적인 질병 발생의 원인에 관해 가장 권위 있는 가설을 세운 이는 윌리엄 맥닐이라는 역사학자이다. 그는 이 현상은 몽골 제국의 건설로 유라시아 대륙이 하나의 세계로 통합되어갔던 일과 관련 있다고 주장했다.

몽골은 13세기 초 테무친이 몽골 부족을 통일한 뒤 지속적으로 영토를 넓혀 13세기 후반에 유라시아 대륙에서 동서를 아우르는 대제국을 운영했다. 이 시기에는 육상 및 해상 교통로가 완성되어 동서 문화 교류가 활발했다. 이러한 교류가 안정적으로 운영될 수 있도록 역참제도 실시했다. 역참제란 중앙과 여러 지방을 연결하는 교통로에 역을 세우고, 관리나 사신에게 잠자리와 식사, 말을 제공하는 제도를 말한다.

이와 같은 세계적인 교역 시스템이 활성화되면서 병균이 세계적으로 퍼질 수 있는 기반이 조성됐다. 몽골 제국은 세계사가 역사적으로 전환하는 주요한 요인 가운데 하나가 되었다. 몽골인은 새로운 시스템을 도입해 유럽과 아시아를 잇는 역할로 여행과 교역의 범위를 넓혔다. 새로운 지리 지식과 여러 종교까지도 전파했다. 하지만 몽골인이 만들어낸 대제국과 인구 이동의 확산은 한편으로는 기존의 지역별 방어 시스템을 허무는 부정적인 결과도 함께 가져왔다.

중세는 현재를 돌아보게 하는 징검다리이다

우리는 지금까지 중세 시기 유럽이 어떻게 출발해서 어떠한 변화를 겪어왔는지 다섯 개의 주제를 중심으로 살펴보았다.

우선 1장에서는 프랑크왕국의 정착과 발전 과정을 다루면서 프랑크왕국이 어떻게 중세 문화를 발전시켜 현재 유럽 사회에 진한 흔적을 남기게 됐는지 알아보았다. 2장에서는 바이킹 시대의 모습을 살펴보면서 북유럽의 조상이 약탈과 교류를 통해 유럽을 넘어 아메리카 대륙까지 확장해가는 과정을 돌아보았다. 3장에서는 프랑크왕국이 분열된 이후 중세 유럽에 정착한 봉건제와 그 안에 살고 있던 영주, 농노, 기사의 삶을 들여다보았다.

또 시죄법을 통해 중세인의 생각을 짚어보기도 했다. 4장에서는 현재 유럽의 바탕이 된 도시의 이모저모를 살펴보고 대학과 길드, 교황과 황제의 권력 관계를 알아보았다. 마지막 5장에서는 흑사병이라는 엄청난 재앙이 중세 유럽인의 삶을 파괴하는 한편 중세의 요소인 봉건제를 해체하는 모습을 살펴보았다. 이 시기를 담아낸 『데카메론』역시 기존 도덕 체계에서 벗어나 개인을 중시하는 가치관을 반영한 작품이라는 사실을 알 수 있었다.

이러한 중세 유럽의 모습은 오늘날 우리에게 어떤 의미로 다가올까?

중세를 바라보는 시각에는 두 가지가 있다. 하나는 중세를 암흑기로 보는 관점이다. 고대 문화인 그리스·로마의 문화나 근대 르네상스 이후의 문화와 비교할 때 중세 문화는 크게 뒤진다는 입장이다. 다른 하나는 중세가 근대국가를 형성하는 기초를 이루고 있다는 관점이다. 이 관점에서는 중세 말과 근대 초는 서로 연결되어 연속성을 지닌 시기로 보는데, 지금의 교과서에서는 이 관점으로 중세를 서술하고 있다.

어느 관점에 서느냐에 따라 중세 유럽의 이미지는 전혀 다르게 나타난다. 흔히 중세의 특징이라고 하는 봉건적인 예속, 흑사병, 마녀사냥, 농노의 삶을 좌지우지하는 영주의 권리 등은 사실

근대사회에 들어서고도 한참 동안 지속됐다.

지금의 한국 사회를 돌아보았을 때 중세의 특징은 과연 사라졌을까? 자신이 몸담고 있는 사회와 조직에 종속되지 않고 자신의 생각과 주장을 당당히 제시할 수 있을까? 의학의 발달로 우리 사회를 뒤흔드는 전염병으로부터 우리는 과연 안전할까?

중세인들이 당시 사회에 품었던 의문은 우리 사회에도 여전히 유효하다고 볼 수 있다. 결국, 주어진 과제를 그대로 받아들이지 않고 계속 질문하고 의문을 갖는 태도는 현재 우리가 과거의 단점을 극복하고 미래로 나아가는 데도 꼭 필요하다.

중세를 연구한 어느 역사학자의 말처럼 지금까지 살펴본 중세 유럽 사회의 다양한 모습은 고전 문화와 기독교 문화, 그리고 게르만 문화가 긴 시간을 두고 뒤섞이면서 새로운 문명의 바탕을 이루었다. 14세기 흑사병이라는 하늘의 재앙(天災), 영국과 프랑스의 백년전쟁, 그리고 교황권이 흔들리던 '아비뇽 유수' 등 사람의 재앙(人災)이 잇따르던 재난의 시기를 보냈다. 그 기간에 중세인들의 생각이 성장하며 르네상스와 종교개혁이라는 혁신의 밑바탕을 만들어냈다. 이미 중세인들은 11세기와 12세기에 대학과 도시를 만들고 유럽의 교역망을 통해 각 지역을 연결하며 중세를 혁신해가고 있었다.

그러므로 중세 시대는 과거에 머물고 멈춘, 그래서 오늘날 돌아보기에 낯선 무엇이 아니라, 그 안에서 우리의 현재를 돌아보기에 좋은 징검다리가 되어준다.

참고문헌

1. 국내서적

강준만, 『인문학은 언어에서 태어났다』, 인물과사상사, 2014.

김민주, 『50개의 키워드로 읽는 북유럽 이야기』, 미래의창, 2014.

김웅종, 『서양사 개념어사전』, 살림, 2008.

김웅종, 『서양의 역사에는 초야권이 없다』, 푸른역사, 2005.

김창성, 『사료로 읽는 서양사 2 중세편』, 책과함께, 2014.

남경태, 『종횡무진 서양사 1』, 그린비, 1999.

노진서, 『마흔 흔들리되 부러지지 않기를』, 이담북스, 2013.

민석홍, 『서양사개론』, 삼영사, 1997.

박지향, 『영국사』, 까치, 1997.

안인희, 『안인희의 북유럽 신화 1』, 웅진지식하우스, 2007.

윤단우, 『사랑을 읽다』, 생각의날개, 2014.

이주은, 『스캔들 세계사 1』, 파피에, 2013.

조성을, 『유럽세계의 형성』, 집현전, 1988.

주경철, 『모험과 교류의 문명사』, 산처럼, 2015.

주경철, 『문학으로 역사 읽기, 역사로 문학 읽기』, 사계절, 2009.

주경철, 『문화로 읽는 세계사』, 사계절, 2005.

주경철, 『역사의 기억, 역사의 상상』, 문학과지성사, 1999.

2. 번역서적

기어리, 패트릭, 이종경 옮김, 『메로빙거 세계』, 지식의풍경, 2002.

라이츠, 만프레트, 이현정 옮김, 『중세 산책』, 플래닛미디어, 2006.

메르틀, 클라우디아, 최철 옮김, 『누구나 알아야 할 서양 중세 101가지 이야기』, 플래닛

　미디어, 2006.

바우어, 수잔 와이즈, 이광일 옮김, 『수잔 바우어의 중세 이야기』, 이론과실천, 2011.

바우어, 수잔 와이즈, 최수민 옮김, 『교양있는 우리아이를 위한 세계 역사 이야기 2 중세

　편』, 꼬마이실, 2004.

번즈, E. M.·러너, R.·미첨, S., 박상익 옮김, 『서양 문명의 역사 2』, 소나무, 1994.

베디에, 죠제프, 이형식 옮김, 『트리스탄과 이즈』, 지만지, 2008.

보카치오, 지오바니, 박상진 옮김, 『데카메론』, 민음사, 2012.

신재호 편역, 『Men-at-Arms: 그림으로 보는 5000년 제복의 역사』, 플래닛미디어, 2009.

쑨톄, 허유영 옮김, 『세계사 산책』, 일빛, 2012.

아베 긴야, 양억관 옮김, 『중세유럽산책』, 한길사, 2005.

에코, 움베르토, 김효정·최병진 옮김, 『중세 1』, 시공사, 2015.

에코, 움베르토, 윤종태 옮김, 『중세 2』, 시공사, 2015.

이오안, 제임스, 노태복 옮김, 『현대수학사 60장면』, 살림Math, 2008.

자입트, 페르디난트, 차용구 옮김, 『중세의 빛과 그림자』, 까치, 2000.

지글러, 필립, 한은경 옮김, 『흑사병』, 한길사, 2003.

코핀, 주디스·스테이시, 로버트, 박상익 옮김, 『새로운 서양문명의 역사 상』, 소나무,

   2014.

크로슬리-홀런드, 케빈, 서미석 옮김, 『북유럽 신화』, 현대지성, 2016.

타이어니, 브라이언·페인터, 시드니, 이연규 옮김, 『서양 중세사』, 집문당, 1997.

타임라이프북스, 『타임라이프 세계사 4: 바이킹의 역사』, 가람기획, 2004.

타임라이프북스, 『타임라이프 세계사 6: 중세 유럽』, 가람기획, 2004.

파워, 아일린, 김우영 옮김, 『중세의 사람들』, 이산, 2007.

프리샤우어, 파울, 이윤기 옮김, 『세계풍속사 상』, 까치, 1991.

해리슨, J. F. C., 이영석 옮김, 『영국 민중사』, 소나무, 1989.

연표

시기	내용
기원후 476	서로마 제국이 멸망함.
481	클로비스가 프랑크왕국의 메로베우스 왕조를 수립함.
496년경	클로비스가 크리스트교로 개종함.
726	비잔티움제국이 성상 숭배 금지령을 발표함
732	카롤루스 마르텔이 투르·푸아티에 전투에서 승리함.
751	피핀이 프랑크왕국의 카롤루스 왕조를 수립함.
768	카롤루스대제가 프랑크왕국을 통치함(~814).
793	바이킹이 처음으로 잉글랜드에 침입함.
800	카롤루스대제가 서로마 황제로 대관함.
910	클뤼니 수도원이 설립됨.
962	오토 1세가 신성로마제국 황제로 대관함.
1066	정복왕 윌리엄이 잉글랜드를 정복함(헤이스팅스 전투).
1079	피에르 아벨라르가 탄생함(~1142).
1077	하인리히 4세가 카노사의 굴욕을 겪음.
1095년경	『롤랑의 노래』가 저술됨(12세기 초 저술로 보기도 함).
1122	보름스 협약을 체결함.
1215	영국 존 왕이 대헌장을 승인함.
1265	시몽 드 몽포르가 귀족과 성직자, 기사와 시민 참가한 의회를 개최함(영국 의회의 시작).
1347	유럽에서 흑사병이 절정을 이룸(~1349).
1350년경	보카치오가 『데카메론』을 저술함.
1358	프랑스에서 자크리의 난이 발생함.
1381	영국에서 와트 타일러의 난이 발생함.

생각하는 힘-세계사컬렉션 14

중세유럽 천년의 역사
유럽 통합의 기원을 찾아서

펴낸날	**초판 1쇄　2018년　11월　16일**

지은이	**김태훈**
펴낸이	**심만수**
펴낸곳	**(주)살림출판사**
출판등록	**1989년 11월 1일 제9-210호**

주소	**경기도 파주시 광인사길 30**
전화	**031-955-1350**　　팩스　**031-624-1356**
홈페이지	http://www.sallimbooks.com
이메일	book@sallimbooks.com

ISBN	**978-89-522-3858-0　04900**
	978-89-522-3910-5　04900(세트)

※ 값은 뒤표지에 있습니다.
※ 잘못 만들어진 책은 구입하신 서점에서 바꾸어 드립니다.
※ 각각의 그림에 대한 저작권을 찾아보았지만, 찾아지지 못한 그림은
　 저작권자를 알려주시면 그에 맞는 대가를 지불하겠습니다.

이 도서의 국립중앙도서관 출판예정도서목록(CIP)은 서지정보유통지원시스템 홈페이지
(http://seoji.nl.go.kr)와 국가자료종합목록시스템(http://www.nl.go.kr/kolisnet)에서
이용하실 수 있습니다.(CIP제어번호: CIP2018035782)

책임편집·교정교열 **박일귀**　　지도 일러스트 **김태욱**